新时代乡村振兴战略
与实施路径研究

朱宁宁◎著

群言出版社
QUNYAN PRESS

·北京·

图书在版编目（CIP）数据

新时代乡村振兴战略与实施路径研究 / 朱宁宁著 . -- 北京 : 群言出版社，2024. 6. -- ISBN 978-7-5193-0954-1

Ⅰ . F320.3

中国国家版本馆 CIP 数据核字第 2024RP6507 号

责任编辑： 孙华硕
封面设计： 知更壹点

出版发行： 群言出版社
地　　址： 北京市东城区东厂胡同北巷1号（100006）
网　　址： www.qypublish.com（官网书城）
电子信箱： qunyancbs@126.com
联系电话： 010-65267783　65263836
法律顾问： 北京法政安邦律师事务所
经　　销： 全国新华书店

印　　刷： 河北赛文印刷有限公司
版　　次： 2024年6月第1版
印　　次： 2024年6月第1次印刷
开　　本： 710mm×1000mm　1/16
印　　张： 6.5
字　　数： 130千字
书　　号： ISBN 978-7-5193-0954-1
定　　价： 42.00元

【版权所有，侵权必究】

如有印装质量问题，请与本社发行部联系调换，电话：010-65263836

作者简介

朱宁宁，山东省济南市人，毕业于山东建筑大学，建筑学学士。现任职于山东大卫国际建筑设计有限公司，担任第一创作分院院长，高级工程师，曾获"山东省杰出青年工程勘察设计师"称号。主要研究方向为乡村建设及城市更新设计。

前　言

乡村振兴战略是我国正式迈入社会主义新时代的关键，是缩小城乡差距的重要战略，是新时代做好"三农"工作的总抓手。该战略可以帮助我国有效化解各种社会问题与矛盾，促进社会主义现代化强国的建设。实施乡村振兴战略，是新时代我国推进城乡融合发展、构建现代农业体系的必然选择。党的二十大报告提出，要全面推进乡村振兴，坚持农业农村优先发展，加快建设农业强国。乡村振兴战略一经提出就受到全国乃至世界范围的广泛关注，在我国脱贫攻坚任务完成后，"三农"工作的重心也已历史性地转向全面推进乡村振兴。本书基于新时代乡村振兴战略实施存在的问题，提出了促进乡村振兴战略实施的路径。

全书共六章。第一章为绪论，主要阐述了乡村振兴战略的背景、乡村振兴战略的内涵、实施乡村振兴战略的重要意义等内容；第二章为新时代乡村振兴战略的理论基础，主要阐述了中国古代的重农思想、西方经济学派关于乡村发展的理论、马克思主义关于乡村发展的理论等内容；第三章为新时代乡村振兴战略的实施现状，主要阐述了新时代乡村振兴战略实施取得的成效和新时代乡村振兴战略实施存在的问题等内容；第四章为新时代乡村振兴战略的发展愿景，主要阐述了产业兴旺、生态宜居、生活富裕、乡风文明等内容；第五章为新时代乡村振兴战略规划的编制，主要阐述了新时代乡村振兴战略规划概述、新时代乡村振兴战略规划编制的意义、新时代乡村振兴战略规划编制的方法等内容；第六章为新时代乡村振兴战略的实施路径，主要阐述了新时代乡村振兴战略实施的经验借鉴和新时代乡村振兴战略实施的路径选择等内容。

在撰写本书的过程中，笔者借鉴了国内外很多相关的研究成果，在此对相关学者、专家表示诚挚的感谢。

由于笔者水平有限，书中有一些内容还有待进一步深入研究和论证，在此恳切地希望各位同行专家和读者朋友予以斧正。

目 录

第一章 绪论 ··· 1
  第一节 乡村振兴战略的背景 ··· 1
  第二节 乡村振兴战略的内涵 ··· 3
  第三节 实施乡村振兴战略的重要意义 ······························ 11

第二章 新时代乡村振兴战略的理论基础 ····························· 15
  第一节 中国古代的重农思想 ·· 15
  第二节 西方经济学派关于乡村发展的理论 ······················· 17
  第三节 马克思主义关于乡村发展的理论 ·························· 19

第三章 新时代乡村振兴战略的实施现状 ····························· 32
  第一节 新时代乡村振兴战略实施取得的成效 ····················· 32
  第二节 新时代乡村振兴战略实施存在的问题 ····················· 38

第四章 新时代乡村振兴战略的发展愿景 ····························· 47
  第一节 产业兴旺 ·· 47
  第二节 生态宜居 ·· 49
  第三节 生活富裕 ·· 53
  第四节 乡风文明 ·· 55

第五章 新时代乡村振兴战略规划的编制 ····························· 64
  第一节 新时代乡村振兴战略规划概述 ····························· 64
  第二节 新时代乡村振兴战略规划编制的意义 ····················· 65
  第三节 新时代乡村振兴战略规划编制的方法 ····················· 67

第六章　新时代乡村振兴战略的实施路径 …………………………………… 72
　　第一节　新时代乡村振兴战略实施的经验借鉴 ………………………… 72
　　第二节　新时代乡村振兴战略实施的路径选择 ………………………… 77

参考文献 ……………………………………………………………………………… 94

第一章　绪论

党的十九大首次提出实施乡村振兴战略,党的二十大强调全面推进乡村振兴,这是新时代解决"三农"问题的重大战略选择,也是解决当前人民日益增长的美好生活需要和不平衡不充分的发展之间的矛盾的必然要求。本章分为乡村振兴战略的背景、乡村振兴战略的内涵、实施乡村振兴战略的重要意义三部分。

第一节　乡村振兴战略的背景

一、准确把握当前乡村发展所处的历史方位

当前我国已经进入社会主义建设新时代,这说明我国在经济发展方面取得了阶段性的重要成果,国际地位显著提升,同时也意味着我国正迎来巨大的发展空间。但是在进入新时代以后,一些悬而未决的重要问题也浮出水面,如农业的滞后性、乡村和城市发展的差异、乡村居民生活水平低等现象非常明显,是全面建设社会主义现代化国家、铸就中华文化新辉煌的主要阻碍。只要这些问题不能得到圆满解决,全面建设社会主义现代化国家的光荣历史伟业就不能完成,中华民族的伟大复兴也不能实现。农业强、农村美、农民富是人民具有获得感和幸福感的关键,更是新时代中国特色社会主义建设的关键。

我国的农业发展已步入新时代,说明我国已经抵达了新的里程碑。可以说乡村振兴这一伟大目标就是要以新时代为背景,充分调动各方资源来解决全新的社会矛盾和重要问题,促进城乡全面发展、改善农民生活,在根本上铲除各种历史遗留问题,达成新时代中国特色社会主义的建设目标。

二、全方位发展推动乡村实现全面振兴

就现代化进程的客观趋势来说，随着城镇化水平的提高，必然会有大量的乡村居民涌入城市。改革开放初期我国有超过 80% 的农村人口，但是在 2021 年这一比例已经下降到了 35.3%。在这期间，我国每年都有大量居民从乡村流入城市。不过在未来，农村将会继续存在，无论是农村还是农民都不会消失，所以如何在城镇化的背景下解决"三农"问题就成为当前时代的关键。

随着现代化的发展，城市人口的占比越来越高，乡村人口的占比越来越低，这是经济社会发展的客观规律导致的。不过中国拥有庞大的人口基数，虽然工业化和城市化的进程不断推进，但是农村永远不会消失，会与城市一同作为社会的重要组成部分，这就是历史发展的基本规律。因此，彻底解决"三农"问题，达成城乡全面均衡发展已成为促进社会发展的重要途径。

从改革开放政策确立至今已有 40 余年，在这期间我国取得了各类成果，但是与此同时也有大量的问题悬而未决，如乡村产业缺乏多元性，农村经济发展比较缓慢；某些地区农村生态出现逐步恶化的趋势，人居环境条件有待提高；农耕文明、乡村文化出现"断层""衰退"的态势，乡村居民的思想道德素养有待提高；农民组织化程度有待提高，乡村治理难度较大；有的地区农民增收困难、家庭经济压力大，部分乡村学龄儿童面临教育资源分配不足的问题，医疗资源的获取难度高等现象依然没能根除，乡村居民的生活品质仍然需要改善。在新时代背景下，我国要基于乡村地区发展过程中出现的问题，根据"抓重点、补短板、强弱项"的基本原则，在多个维度全面促进乡村的发展。党的十九大报告首次提出实施乡村振兴战略，主张从产业、生态、文明、治理和生活等多维度入手进行优化，全面解决乡村现存的问题，为全面振兴谋篇布局。

三、做好社会主义农村建设的重点

我国一直对"三农"问题投以高度关注的目光，通过以往的不懈努力，我国已经取得了一系列伟大的成果。"三农"工作是民生建设的关键组成要素，"三农"问题关系党和国家事业的发展全局。

随着中国特色社会主义进入新时代，"三农"问题的重要性依然显著，乡村振兴战略就是以应对这些问题为目标和宗旨而提出的。为了保障战略的执行成效，党和政府应当以新时代背景为基础，把握"三农"问题的主要矛盾和现实问题，从顶层设计、统筹管理等角度入手进行加强，同时地方党组织和政府及其广大党

员领导干部应当因地制宜、因村施策，逐步建立适合当地实践情况的乡村振兴战略规划。只有通过这种方式才能持续推动乡村振兴战略的稳步落实，真正提升农业生产力、改善乡村环境、优化农民生活。在新时代背景下，全面推进乡村振兴已经成为新时代建设农业强国的重要任务。

第二节　乡村振兴战略的内涵

一、乡村振兴战略的概念

乡村振兴战略的关键是明确主体责任，因此，为了推动我国乡村振兴事业的发展，我国地方政府部门应该落实乡村振兴战略中的主体责任，在实施乡村振兴战略时做到具体问题具体分析。具体问题是乡村如何振兴，具体分析是对村庄的实际情况，如生态环境、资源等的分析。然而，从文化或理论的角度分析，村庄与乡村不是等同的。因为相比村庄，乡村具有更大的兼容性。同样，地方政府部门要积极了解乡村振兴战略实施的受体以及相关的要素。要想推进乡村社会化、信息化等的转型，政府部门必须重视促进农民向组织化、文明化的方向发展。相关政府部门作为乡村振兴的监督者以及执行者，还应该不断更新自身的观念。在制定乡村振兴政策时，相关政府部门要意识到农村的发展不再只依赖传统农业，还应包括乡村旅游业、服务业等。另外，政府部门作为乡村振兴事业的推动者，还要认识到乡村的地位。乡村不仅在经济再生产中发挥着基础性作用，还具有审美基因、文化痕迹以及乡土情怀的功用。政府部门还可以不断探索我国区域差异化的乡村发展路径，如居住就业路径、周边路径、城市路径、农家旅游路径等。

乡村振兴战略的总目标是农业农村现代化。讲到振兴，必然联系到复兴，复兴指的是衰落后再兴盛起来，它的力量以及影响大于发展或建设。现如今，我国高度重视城乡协调发展，强调促进乡村经济的复兴。回顾中华五千年文明史，农业是我国的根本生产方式，其繁荣程度直接影响我国的发展。新中国成立以来，在现代化建设的推动下，乡村的过剩劳动力得到解放。然而，虽然改革开放极大地解放和发展了生产力，但是其对我国农业现代化发展的作用并不明显。从这个角度看，中国乡村看似正在逐渐式微，实际上这是暂时的、局部的。社会的深刻变革必将革新我国农业的发展模式。对此，我们应该把握机遇，将现有的村庄融入国家现代化体系，重建乡村的经济、社会以及文化结构，积极推动生产、技术以及实践形式的发展，改造以及重建乡村体制，从而实现乡村振兴。

乡村振兴战略的本质是发展战略。乡村振兴战略不应该仅仅局限于"三农"工作，它不仅应该涉及村庄自身的发展，而且应该重视解决新时代的主要矛盾，更应该贯彻以人为本的发展观，诠释社会主义包容性的本质。乡村振兴战略规划目标中指出，到 2050 年，乡村全面振兴，农业强、农村美、农民富全面实现。同时，为了保证乡村振兴战略规划的可操作性，还需要补充适当的战略方法、指标以及技术手段，使战略要素完善化、实用化、具体化。

二、乡村振兴战略的提出

乡村振兴是要让乡村逐渐兴盛起来，充满活力。乡村振兴是当下顺应时代变化，对乡村建设提出的一个目标要求，其中包含了产业振兴、人才振兴等多个社会发展需要振兴的方面。乡村振兴是解决"三农"问题、加快乡村发展的重要战略安排。脱贫攻坚战取得全面胜利，为我国推进乡村振兴奠定了坚实的基础。随着社会发展进入新阶段，我国乡村发展的重心有所转移，对乡村建设的规划思路也与时俱进地做出了调整。

2017 年，党的十九大报告中首次明确提出"实施乡村振兴战略"，强调农业农村农民问题是关乎国计民生的本质问题，要求始终把处理好"三农"问题作为工作重点，实施乡村振兴战略。2017 年，党中央提出要走中国特色社会主义乡村振兴道路，全面实施乡村振兴战略，整体规划安排了乡村振兴战略实施的步骤做法。作为写入党章的七大战略之一，乡村振兴战略是实现我国万千农民建设美好家园的愿望，是加强乡村组织建设的重大决策部署，同时也是顺应社会主要矛盾变化的客观要求，是全面建设社会主义现代化国家的必要条件。

2018 年 5 月，中共中央、国务院发布了《乡村振兴战略规划（2018—2022 年）》（以下简称《规划》），明确提出了乡村振兴战略是新时代做好"三农"工作的总抓手，是解决新时代我国社会主要矛盾、实现"两个一百年"奋斗目标和中华民族伟大复兴中国梦的必然要求。《规划》为如何实施乡村振兴做了详细筹划和安排，部署了乡村振兴战略分三步走，短期规划从 2018 年到 2022 年，远期规划分别到 2035 年和 2050 年。第一步目标是到 2022 年初步健全乡村振兴的制度框架和政策体系；第二步目标是到 2035 年基本实现农业农村现代化，乡村振兴取得决定性进展；第三步目标是到 2050 年乡村全面振兴，农业强、农村美、农民富全面实现。

习近平总书记在 2021 年的中央农村工作会议上发表重要讲话，为实现乡村的振兴做了整体规划，指明了现在及未来一段时间乡村发展的方向。现阶段的乡村振兴就是要巩固脱贫攻坚成果，严格按照"产业兴旺、生态宜居、乡风文明、治理有效、生活富裕"的总要求来发展农业农村，加快推进乡村发展进程，实现农业的高质高效发展，提高农民群众的生活水平，满足人民群众对物质以及精神方面的追求，提升其生活的幸福感，从而实现乡村全面振兴。

三、乡村振兴战略的基本原则

（一）坚持党管农村工作

首先，必须始终坚持党的领导，强化党在农村工作中的指导地位。其次，要进一步完善相关法律法规，实现农村工作有规可循、有法可依。最后，始终坚持党在乡村振兴工作中的总领性地位，将党的先进性充分贯穿乡村振兴的各个领域。这不仅可以为全局工作指出正确发展方向，也可以使改革始终有坚定的政治保障。

（二）坚持农业农村优先发展

首先，凝聚全党共识，提升党员对乡村振兴工作的认识，做到全党上下协同配合。其次，在人事安排、资源配置、投资等方面向乡村振兴相关领域倾斜，更好地服务于乡村振兴战略全局。

（三）坚持农民主体地位

乡村振兴战略必须始终坚持农民的主体地位。第一，在尊重农民意愿的基础之上调动广大农民的主观能动性。第二，必须把农民的根本利益和共同富裕的目标作为起点和归宿，让农民群众获得实实在在的收获，使农民群众从心底认同乡村振兴战略，最终实现农民与乡村振兴战略的良性互动，扩大乡村振兴战略成果。

（四）坚持乡村全面振兴

第一，在深入领会乡村振兴的科学内涵的基础上，不断挖掘农村发展潜力，进一步拓宽农业农村发展渠道。第二，重视在经济、政治、文化、社会、生态文明等方面的统筹规划，使各领域之间相互配合、协同推进。

（五）坚持城乡融合发展

第一，不断深化体制机制改革，发挥市场在资源配置中的决定性作用。第二，推动城乡要素自由流动、平等交换，加快形成工农互促、城乡互补、协调发展、共同繁荣的新型工农城乡关系。

（六）坚持人与自然和谐共生

始终坚持习近平总书记在生态环境方面提出的重要论断，以绿色发展理念引领乡村振兴，打造可持续发展的乡村振兴模式。

（七）坚持因地制宜、循序渐进

第一，结合当地实际情况分析适合的发展道路，突出优势特色，打造地方特色，不能盲目复制和照搬已有的成功经验。第二，脚踏实地走好乡村振兴战略的每一步，尊重事物发展客观规律，发挥艰苦奋斗精神，打造中国式现代化的乡村振兴道路。

四、乡村振兴战略的五个方面

（一）产业振兴

产业振兴是经济振兴的前提，要构建现代化的产业体系，发展与经济社会发展水平相适应的规模经营，推动农业规模化、集约化、现代化生产，提升农业生产效率。同时，推动农业与第二产业、第三产业协同发展，提升农业的附加值，让农业成为有奔头、有希望的产业。

农村产业的发展决定了乡村能否振兴。相关产业的兴旺程度以及农村的文化、管理等方面的措施完善程度决定了乡村振兴的关键。然而，只有产业兴旺才能带来更多的产品、技术以及更加丰富的资源，才能为乡村振兴提供源源不断的发展动力。同时，产业的兴旺发展可以为当地的居民带来幸福感和满足感。除此之外，需要特别注意的是，农村产业发展也会进一步填补城乡之间人才、技术和资源的缺口，促进优质资源靠拢和产业模式创新。产业振兴的前提是乡镇产业可持续发展，倘若乡镇产业保持发展态势，就必须考虑产业融合发展。这种融合方式不仅可以加快当地农业的发展，还可以有效地供给多种多样的工作岗位。此外，融合的价值还体现在农村生产模式的改变上，产业链以及衍生的新产品能够更好地体现出农村价值，为新农村建设发展增添色彩。乡村振兴是为了解决人们最关注的民生问题，让农民更富裕、农村更具有魅力是我们追求的理想结果。战略的另一重点就是尽最大努力缩小城乡之间存在的资源、科技、人才等要素的不均衡问题，从根本上消除"三农"问题，实现农民富裕的愿景。农民以产业融合的主体身份积极加入产业链和价值链优化重组的过程，切实维护自身利益，使收益最大化。另外，值得注意的是，融合并不是一味地追求利益，而是有更深层次的要求，既要在绿色和可持续的基础上进行产业的发展,也要均衡自然和人之间的关系,遵循了这些要求,才能达到城乡互融的目的。

(二)人才振兴

人才振兴,一方面是要培养爱农村、懂科技、知农业的新时代农民,使他们不断成为引领乡村振兴发展的核心力量;另一方面,要加大对农业领域高端人才的引进,为现代农业建设保驾护航。

人才振兴是乡村振兴的基础,要创新乡村人才工作体制机制,充分激发乡村现有人才活力。因此,加强乡村振兴人力资源开发,着力培育高素质乡村振兴人才,激发广大农民的积极性、主动性、创造性是新时代乡村振兴的重中之重。党的十九大报告中关于乡村振兴战略的内容阐述,就明确要求培养造就一支"懂农业、爱农村、爱农民"的"三农"工作队伍,大力培育高素质乡村振兴人才。由此看来,人才振兴是实现乡村振兴战略的重要举措和助推器,是落实"产业兴旺、生态宜居、乡风文明、治理有效、生活富裕"总要求的必要方法和途径。农民作为开展农业生产和农村生活的主人,是乡村振兴实施开展的重要角色,乡村振兴战略的实施需要充足的乡村振兴人力资源做保障,需要重新培育适应现代化农业生产的高素质乡村振兴人才。人才振兴能够壮大乡村振兴、农业现代化所需的人才队伍,能够不断将农村有限的人力资源开发为人力资本,更好地贡献乡村智慧、提供专业人才,实现农业强、农村美、农民富。人才教育培训体系的构建非常必要,要设立专门面向人才的技能大赛和学历教育,提升其服务农业、服务农村的能力。要继续抓好乡村振兴人才队伍建设,实施人才培育计划等培育项目,进一步加大对涉农高等学校和职业教育的支持,更好、更专业地培养乡村规划方面的专业人才。《中华人民共和国国民经济和社会发展第十四个五年规划和2035年远景目标纲要》(以下简称"'十四五'规划纲要")再次提出,提高农民科技文化素质,推动乡村人才振兴。因此,着眼于新阶段全面推进乡村振兴的总要求,聚焦乡村振兴人才培育问题,体现了当前培育乡村振兴人才的重要性和必要性,体现了我国目前对合力打造适应乡村振兴要求的高素质乡村人才队伍的迫切需要。

(三)文化振兴

文化振兴是乡村振兴的重要基石、乡村发展内生动力的重要源泉。要大力传承弘扬优秀传统文化,努力推动社会主义核心价值观融入乡村,推进移风易俗,培育文明乡风、良好家风、淳朴民风。深化乡风文明改革，提升农民文化素养，建设社会主义新农村。

（四）生态振兴

生态振兴是乡村振兴的内在要求，必须建设适应现代生活、体现乡土风貌、山清水秀、天蓝地绿的美丽乡村。要坚持绿色发展理念，推进乡村自然资源加快增值，实现绿水青山与金山银山相得益彰。要扎实推进村容村貌改善、农村垃圾污水治理、厕所革命和农业废弃物资源化利用，大力改善农村人居环境。我们要守好生态文明底线，强化生态文明建设，建设美丽乡村，让乡村成为安居乐业的美丽家园。

（五）组织振兴

组织振兴是乡村振兴的根本保障。要坚定不移发挥好农村基层党组织的领导核心作用，以党建引领乡村振兴，健全自治、法治、德治相结合的乡村治理体系，厚植党在农村的执政基础。要实现乡村振兴必须坚持以中国共产党为领导核心，坚持走群众路线，坚持从群众中来，到群众中去，构建中国特色乡村治理体系。

五、乡村振兴战略的内容

（一）重塑城乡关系，走城乡融合发展之路

城乡二元结构是阻碍我国农村发展的重要因素之一，跨过城乡之间的鸿沟，城乡才能共同发展。城乡融合发展是一个自然的历史过程。生产力的不断发展必然要求打破城乡之间的隔阂，走城乡融合的发展道路，应时顺势地大力推进城乡融合发展。市场经济的深化发展要求城乡要素的自由流动。市场要素包括有形要素和无形要素，市场经济是以这些要素为基础的，要素的自由流动是市场经济深化发展的必要条件和必然要求。由于社会生产力的发展和分工的细化，各种要素在城乡之间的配置方式和效率都存在着不小的差异，这也导致了城乡之间的财富差异。然而，随着市场经济的深化发展，各要素的流动将产生联合作用，使得原本各自独立的经济活动形成一个有机整体，这样也有利于社会财富的增加和社会的秩序化。我国社会主义市场经济的深化发展必然要求从注重商品交换到注重要素流动，而要素在城乡之间的自由流动会促进城乡融合发展；反过来，城乡融合也将进一步加速要素的自由流动，促进我国社会主义市场经济的深化发展。市场是各种经济要素发生作用的场所，也是联结城乡关系的重要纽带，市场融合是城乡要素自由流动的关键环节。只有在城乡融合的条件下，

城乡要素的自由流动才能真正实现，城乡贸易、协作和城乡投资的相应壁垒才能真正消除。尽管当前城乡关系还不够协调，城乡融合的体制机制还不成熟，但是伴随着我国改革和市场机制作用领域的拓展，城市和乡村之间的经济社会机制必然无法单独运行，把城乡看作相互依存和有机联系的统一体来进行城乡发展的统一规划、统一资源配置等将成为必然趋势。目前，我国已经建立了基本完善的市场经济体制，市场手段已成为资源配置的主要方式，宏观调控取代了直接的政府干预，使得经济发展无论是在质量还是在数量上都得到了前所未有的突破。我国的城乡关系也发生了深刻变化，城乡联系日益增强，由原来的对立、分割逐渐走向开放、联合与协作。但受历史的、现实的种种因素的制约，我国城乡二元结构没有根本改变，城乡发展差距不断加大的趋势没有根本扭转。要想根本解决这些问题，必须推进城乡发展一体化。我国城乡二元结构体制矛盾主要表现为，城乡之间的经济结构差异较大，即城市经济以现代化的大工业生产为主，而农村经济以典型的小农经济为主，城乡之间的基础设施水平差距较大，即城市的交通、医疗、教育等基础设施完备发达，而农村的基础设施欠缺且落后，城乡居民收入差距不断扩大，农村的人均消费水平远远低于城市等。城乡二元结构体制的长期存在除了带来城乡发展差距较大的问题，还给我国经济与社会发展带来了很多深层次问题，典型地表现为"三农"问题。"三农"问题一直是党和政府工作的重中之重。当前我国农业农村发展步入了新的阶段，各种新老挑战叠加凸显，缩小城乡之间发展差距和城乡居民收入差距的任务还很繁重。对此，党的十八大指出，推动城乡发展一体化是解决"三农"问题的根本途径。另外，经济体制改革的深化势必从注重对外开放向更加注重对内开放转变，从注重市场中商品的公平交换向更加注重要素的自由流动和资源分配在机制上的公平性转变。这一转变客观上要求城乡进一步打破二元结构，推动城乡融合发展。实现要素的自由流动和资源按市场机制的最优分配，能够推动经济社会的可持续发展和"三农"问题的有效解决。可以说，破除城乡二元结构、实现城乡融合发展，是深化经济体制改革的迫切要求。在经济全球化背景下，我国目前还存在较为突出的城乡二元结构矛盾，这在一定程度上限制了我国市场经济的活力和竞争力的提高。随着改革开放的深入发展，我国城乡结构矛盾引起的深层次问题进一步凸显，劳动力等市场要素无法实现城乡间的自由流动，不利于人才培养和人力资源优势的发挥。城乡发展差距导致区域差距加大，经济结构需要转型升级，需要从"制造大国"向"智造大国"转变等。我国要加快打破城乡二元结构，通过城乡融合发展提高经济的内在活力和竞争力。

（二）巩固完善农村基本经营制度，走共同富裕之路

在保证农村土地由集体所有的基础上，积极探索规模生产、土地托管等经营模式，提高农民的生产积极性。共同富裕是我国社会主义的本质要求，其主要内容包含高度的物质文明和高度的精神文明。实现共同富裕是中国共产党人始终如一的根本价值取向。2021年，习近平总书记在《扎实推动共同富裕》一文中指出，适应我国社会主要矛盾的变化，更好满足人民日益增长的美好生活需要，必须把促进全体人民共同富裕作为为人民谋幸福的着力点，不断夯实党长期执政的基础……我国必须坚决防止两极分化，促进共同富裕，实现社会和谐安定。实现共同富裕已经被摆在更加重要的位置，成为更加迫切的历史性任务。要想实现共同富裕，乡村振兴是必经之路。党的十九届五中全会对扎实推动共同富裕做出重大战略部署。"十四五"规划纲要在2035年远景目标中提出"人的全面发展、全体人民共同富裕取得更为明显的实质性进展"，实现共同富裕，首要问题是解决好"三农"问题。一方面，实现共同富裕是一个不断进行理论创新、实践创新的长期过程。在这一过程中，会出现不同的新形势、新问题、新机遇，因此就要实行与之相适应的政策策略，脱贫攻坚与乡村振兴就是实现共同富裕的不同发展阶段。另一方面，全面打赢脱贫攻坚战，消除绝对贫困是实现共同富裕的底线任务，而乡村振兴战略是新时代做好"三农"工作的总抓手，也是脱贫攻坚的接续战略。因此，全面推进新时代乡村振兴，意味着"三农"工作的重心发生了历史性转移。

（三）巩固脱贫成果，防止脱贫人口返贫

2020年我国完成了脱贫攻坚的伟大任务，"五个一批""六个精准"措施的实施帮助近一亿贫困人口过上了新生活，可谓人类减贫史上的中国奇迹，随之而来的还有如何巩固脱贫成果，避免脱贫人口返贫。乡村振兴战略就是要着力解决乡村后续发展问题，坚持党管农村，坚持农民的主体地位，基于我国是农业大国的实际情况走中国特色社会主义城市化道路，因地制宜，发挥地区优势，凸显地方特色，将自然资源与经济、文化的发展有效结合，抽调精英干部下沉乡村建立乡村振兴工作队，最终营造政治引领、经济支持、文化扶持的良好氛围。只有守住返贫底线，解决返贫问题，才能使脱贫成果稳定而持久地存在。所以，脱贫地区构建防贫返贫长效机制是巩固脱贫攻坚成果的必然要求，通过将防贫返贫举措制度化、系统化，才能兜住返贫底线，有效解决已返贫现象，走中国特色减贫之路。

第三节 实施乡村振兴战略的重要意义

一、实现社会主义现代化建设目标的必然要求

我国是一个农业大国，农业在我国国民经济的发展中占据十分重要的地位。加强农业农村的现代化建设，对于我国实现中华民族伟大复兴具有重要的意义。现代化的农业是一个国家国民经济的基础支撑，同时也是国家现代化的重要体现。中国要强，农业必须强；中国要美，农村必须美；中国要富，农民必须富。任何一个国家尤其是大国要想实现现代化，唯有城乡区域统筹协调，才能为整个国家的持续发展打实基础、提供支撑。

随着我国社会主义现代化建设的逐步进行，我国在农业、农村、农民等各个方面都取得了一定的成绩，农村的现代化水平得到了一定程度的提升。必须把农业农村优先发展落到实处，深入实施乡村振兴战略，积极推进农业供给侧结构性改革，培育壮大农村发展新动能，加强农村基础设施建设和公共服务体系建设，推进我国乡村现代化建设的进程。

二、解决我国社会主要矛盾的必然要求

社会主要矛盾影响着社会的发展和其他矛盾的方向。社会主要矛盾是动态变化的，有主就有次。社会主要矛盾是在特定条件下起决定性作用的社会矛盾，社会主要矛盾也在不断推动生产力和生产关系的变化，在审视社会进步和国家发展时应当着力于主要矛盾。社会主要矛盾具有主观与客观一体化的特点，随着人类文明的不断进步，人类对物质和精神的需求也在逐渐提高，因此社会的进步都是为了满足人类更好的发展；反言之，人类为了满足自身需求而发展生产力来决定生产关系，使得社会发展成为保障自己最根本利益的条件。社会主要矛盾具有多样性的特点，多样性存在于一切自然事物当中，宏观上有生物多样性、环境多样性、物种多样性，微观上有个体与个体之间的差异。主要矛盾的存在环境是多样且复杂的，不同国家、不同民族、不同环境之间存在社会主要矛盾，同一国家、同一民族、同一环境也存在社会主要矛盾。在不同历史时期，社会主要矛盾的表现形式也不尽相同。新时代社会主要矛盾已经转化为人民日益增长的美好生活需要和不平衡不充分的发展之间的矛盾，同时也反映出化解矛盾的关键在于满足人

民的美好生活需要。从人民群众的角度出发，新发展理念能够带来的生活高质量发展是化解矛盾的路径；从党的领导角度出发，缩小发展差距，平衡发展条件，正确引导发展方向，合理规划发展方式是化解矛盾的路径。

我国的经济建设步入了新时代，但当前的主要矛盾已经转变为人民日益增长的美好生活需要与不平衡不充分的发展之间的矛盾。中国经济的增长不平衡，最为突出的表现是城乡发展存在不均衡，乡村间发展不均衡，社会发展不够充分，重点表现在农业农村发展方面。党的十九大报告中提出，从2020年到2035年，我国在全面建成小康社会的基础上，再奋斗15年，基本实现社会主义现代化，从2030年到21世纪中叶，在基本实现现代化的基础上，再奋斗15年，把我国建成富强、民主、文明、和谐、美丽的社会主义现代化强国。要达到上述要求，最为关键的就是要解决"三农"问题。农业、农村、农民问题是关系国计民生的根本性问题，应当把处理好"三农"问题视为我们党管理工作的重点。加强乡村振兴战略的实施，做好新型乡村治理体系建设，完善自治、法治、德治相结合的乡村治理体系，形成共同治理局面，这一政策的提出为新时代的管理方式创新和制度完善提供了思路。完善和创新社区管理，探寻基层社区管理途径，是建设和谐社会、加强现代化建设的必然要求。

在新时代背景下，若想破除社会主要矛盾对社会主义现代化建设的桎梏，其中实现农村的发展是重中之重。我国农村地区有着发展不够平衡、不够充分的特点，更具典型意义和代表性，因而要想实现社会主义现代化建设和化解社会主要矛盾，农业农村的现代化就显得至关重要。化解新时代社会主要矛盾的具体措施包括：深化农村供给侧结构性改革；提升农村现代化治理能力；完善城乡融合发展道路；缩小农村和城市之间的贫富差距；坚持绿色发展农村的科学道路，走具有中国特色的乡村发展之路。

三、促进民族地区长远发展的必然要求

实施乡村振兴战略意义重大，不仅关系到农民的生活幸福，更关系到民族团结进步，对于民族地区的长远发展还有着深远影响。

（一）实施乡村振兴战略是推动民族地区高质量发展的应然之举

受历史、地理等因素的影响，民族地区大多经济欠发达，人民生活水平相比其他区域尚有一定差距，社会发育程度比较低。当地的群众，特别是生活在乡村的群众，一方面有着发展经济、提高生活质量的强烈愿望，另一方面面临着生存

环境较恶劣、发展底气不足的现实困境。要想化解这一难题,需要立足乡村实际,多维度发力。而积极推进乡村振兴战略,对于民族地区无疑是重大的发展机遇,这是因为乡村振兴的立足点在于人的全面发展。其中,产业振兴、人才振兴、文化振兴、生态振兴和组织振兴,既是立足当前乡村问题的破解对策,也是长远发展的具体举措,直接与当地群众的生产生活相关,与当地的高质量发展相关。换言之,推进乡村振兴体现的是规律性与目的性相统一,必然提升民族地区群众的获得感和幸福感,进而推动当地高质量发展。

(二)实施乡村振兴战略是促进民族团结进步的一大重要措施

民族团结进步是民族地区持续稳定发展的基础、保障所在。习近平总书记多次强调民族团结进步的重大意义,指出要将民族团结进步工作摆在重要位置。民族地区实施乡村振兴战略,不仅能极大促进乡村地区生产力发展,更好地满足人民群众的美好生活需要,也对当地人才培养、乡风文明培育、基层组织建设等起到积极的推动作用,从而夯实了民族团结进步的基础。民族团结进步会推动乡村振兴战略在民族地区更好地生根落地,更好地造福乡村、造福群众。这是理解乡村振兴与民族团结进步辩证关系的重要切入点。一言以蔽之,在民族地区实施乡村振兴战略,就民族团结进步而言是极为必要的,其深远意义更是全局性、历史性的。

(三)实施乡村振兴战略是各民族共同富裕的题中之义

实现共同富裕是党的奋斗目标和坚定信念,也是中华民族的共同期盼。总体而言,民族地区的产业基础相对薄弱,经济欠发达,公共基础设施建设相对滞后。进入新时代,民族地区尽管如期实现了脱贫攻坚,全面建成小康社会,但实现小康社会并不等同于已经富裕,特别是对巩固脱贫攻坚成果任务繁重、仍有返贫可能的民族地区而言,实现共同富裕难度不小。实施乡村振兴战略,盘活乡村活力,对于推动民族地区的快速发展所起的作用是显而易见的,其意义不仅在于本民族本地区的发展,而且被赋予了国家层面的意义,特别是具有实现全国各民族共同富裕的美好期盼的现实意义。

四、满足农民对美好生活新期待的必然要求

人民对美好生活的向往寄托着人民对国家富强、民族昌盛的美好愿望,人民作为美好生活的主体,追求美好生活的过程也是人全面发展的过程,这个过程需要人们的艰辛奋斗,需要全社会的共同努力,需要紧跟中国共产党的伟大步伐。

新时代社会主要矛盾的化解意味着新的、更好的时代将会来临。

2021年中央一号文件指出,把全面推进乡村振兴作为实现中华民族伟大复兴的重大任务,举全党全社会之力加快农业农村现代化,让广大农民过上更加美好的生活。农民是新时代中国发展建设的主人公,他们的需要问题是迈向新征程、赋能新格局重点关注的话题。农民的美好生活需要是社会发展重要的内驱动力,为了让广大农民有更多的参与感、幸福感,应该紧密结合农民发展实际,满足农民的美好生活需要。与此同时,美好生活需要的满足有助于加快乡村振兴、农业农村现代化的进程。中国是一个历史悠久的农业国家,要实现中华民族伟大复兴的中国梦,早日建成社会主义现代化强国离不开农民,因此,做好农民工作直接关系到我国现代化发展能否行稳致远。

在中国共产党的领导下,乡村振兴战略以及加快实现农业农村现代化的系列改革一策既出,八方呼应。当前进入发展新时代,已经拉开建设社会主义现代化强国的新帷幕,在这样一个新的社会阶段,研究人民日益增长的美好生活需要具有非常重要的现实意义,有利于推动乡村振兴战略的实施,解决发展中存在的问题,明确战略的目标,方向正确才能行稳致远。同时在推进社会主义现代化建设的过程中,在实践中发现问题、解决问题,实践标准既是确定的也是不确定的,是将事物发展的有限性融入无限发展的实践中去锤炼打磨。在落实相关政策满足农民的美好生活需要的同时引导农民提高需要的层次,完善农民需要的结构,解决在满足农民的美好生活需要过程中遇到的问题,为建成社会主义现代化强国打下坚实的基础,提供强大的发展动力。

乡村振兴战略的提出符合社会主义现代化建设的要求,符合人民对美好生活的期望。中国共产党一直以来非常重视农民的利益,将"为农民谋幸福"看作一项重要的使命。我国实施乡村振兴战略、推进农业农村现代化建设的干劲和热情空前高涨,社会主义新农村建设进入一个新的时期。我们相信,只要以习近平新时代中国特色社会主义思想为引领,立足国情农情,走中国特色社会主义乡村振兴道路,就一定能搞好我国的新农村建设,让亿万农民获得幸福感,在共同富裕的道路上快速前进。

第二章 新时代乡村振兴战略的理论基础

乡村振兴战略不是凭空产生的，乡村振兴战略根植于中华优秀传统文化，源于马克思主义经典作家和中国历届领导集体在解决乡村发展问题方面的理论和实践的探索，可以说，新时代乡村振兴战略是在对乡村发展理论的全面充分把握的基础上形成的。本章分为中国古代的重农思想、西方经济学派关于乡村发展的理论、马克思主义关于乡村发展的理论三部分。

第一节 中国古代的重农思想

中国的"农本"传统历史悠久，可以追溯到新石器时代，在那时，长江、黄河的中下游流域就有了种植粮食作物和饲养家畜的迹象。农业是人类赖以生存的物质基础，重农、尚农是评价古代中国社会、农业文化的常见词。农业经济被历代统治者视为治国之本、齐国之术、安民之策。农业稳固带来农民的安稳，农民安稳则带来社会的安定。

中国自古以农立国，从商周时期到宋元明清时期，封建统治者和思想家不约而同地采纳了农本思想。商周时期的农业生产已经成为一种有规范、稳定的经济活动，农业生产涉及不同类型。商代实行"井田"制，农业已包含在社会主要部门之内。周代是亲蚕礼的起源朝代，皇帝祭拜农神，皇后举行亲蚕大典，以此表达对农业生产的重视。战国时期的重农思想较之以前，多了一重"农业为所有经济活动之首"的含义。该时期诸侯争霸，纷争四起，各国兴起了"论军功以授田宅"的奖赏方法。农业生产活动不仅仅是人类赖以生存的物质基础，更是国富兵强和战争胜利的重要保障，所以统治者多有"奖励耕战"的政策，既注重男耕女织，又主张"丈夫从军旅"。

在秦朝，《田律》《仓律》等法令对农业生产活动进行了严格的规定，将农业生产的每个环节规范化，以保证良好的作物收成，足以体现国家对农业的重视程度。汉代统治者也遵循重农理念。汉高祖将重农写入了国法，还以皇帝亲耕、减免赋税等方式鼓励农耕，显示出农业在当时的重要作用。汉武帝对农业极其重视，他兴修水利、建设白渠等，整治漕运，为防止水灾，命人修建黄河分洪渠道，还对农具和农耕方法进行了改善，以提高生产力。

西晋时，国家大力发展农业，推行劝农桑政策，颁布了课田制、占田制和户调制，以变革生产关系的方式提高农民从事农业生产的积极性。北魏于太和九年（485）颁布均田制并实行新的土地租调制，此举促进了荒地开垦和酿造、畜牧等农村副业的发展。此外，北魏从中央到地方都非常重视水利建设，也注重提高农耕技术水平，如《齐民要术》中介绍了丰富的农业精耕细作经验。

唐朝时期，开垦土地、大修水利，对农业生产工具进行了升级，发明诸如耕地工具曲辕犁、灌溉工具筒车等，农田面积扩张，农业产量大增。该时期文明繁荣发展，统治者对商品经济的发展持较为宽容的态度，且已经建立了一些关于市场、商品、外贸等的经济法。宋、元、明、清时期，商品经济得到了更进一步的发展，但传统的农本思想仍居主导地位，农业生产依然得到广泛的重视。

农业是古代居民生活的物质基础，是国泰民安的基础保障，是战争胜利的重要"武器"，是治国安邦的统治策略，是国家财富的重要标志，也是文明孕育的母体，正因为如此，传统的重农思想才能在历代王朝的更迭中保持生机与活力，发挥其巨大的影响力。第一，重农思想是农业社会的必然选择，不仅有助于满足封建王朝对财政收入的要求，而且有利于为农民提供相对稳定的生产生活环境，既符合统治者的利益诉求，又保护了农民的切身利益，具有很强的历史进步性。第二，重农思想促进了农业经济的发展，保障了国家经济政策向着有利于农业的方向倾斜，有效维护了农业生产的主导地位，使农工业之间的主次关系更加清晰明确，这是符合当时经济发展的客观规律的。中华优秀传统文化中蕴含的重农思想为改革开放以后历届党中央领导集体把农村经济问题作为重中之重、尊重农村经济的基础性地位、促进乡村振兴战略的实施提供了重要借鉴。

第二节 西方经济学派关于乡村发展的理论

一、二元经济结构理论

1954年美国经济学家威廉·阿瑟·刘易斯（William Arthur Lewis）在《劳动力无限供给条件下的经济发展》一文中首次提出了二元经济结构理论。二元经济结构就是指城市经济和农村经济并存的经济结构。

二元经济结构理论首先提出了一系列假定条件，具体包括：假定一，发展中国家的经济可以分为非资本主义和资本主义两个部门。非资本主义部门可以理解为传统农业部门，利用传统方式进行生产，劳动生产率和工资水平低；资本主义部门是指现代工业部门，劳动生产率和工资水平较高。假定二，劳动力无限供给。在传统农业生产部门，劳动边际生产率很低甚至接近于零且小于生存工资，人们从事农业生产无法维持基本生活，存在着劳动力无限供给。假定三，工业工资略高于生存工资且固定不变。工业部门的最低工资是由农业部门的工资决定的，但要实现劳动力转移，工业部门就要提供有吸引力的工资水平，也就是必须高于农业部门的工资。假定四，在封闭条件下进行研究，不存在对外贸易因素的影响。假定五，市场经济条件下的自发竞争。劳动力可以自由流动，工业和农业部门的劳动者有平等的就业机会和劳动权利，城市中没有失业和隐蔽失业。

依据上述假定条件，可以从两个阶段入手研究发展中国家的经济发展。在第一阶段，农业部门由于边际生产率低，出现大量剩余的劳动力，工业部门只要能提供维持基本生活的工资，就可以吸引劳动力转入，这就为工业部门的扩张提供了源源不断的支持。在这期间，资本家为了获取较多的利益，加之农业劳动力的大规模转移将使工业部门的劳动力价格保持在一个较低的水平，促进了工业资本的快速积累，提供的大量就业机会也将容纳更多的农业劳动力转移，农业部门的劳动力减少并不会影响农业生产率。而到了第二阶段，工业部门资本积累的增长快于劳动力的增长，劳动力由过剩变为短缺而成为稀缺要素，工业部门必须提高工资才能吸引到劳动力，直到农业部门的剩余劳动力被吸收完毕，农业劳动和工业劳动的比较利益趋于平衡，劳动力的转移逐渐减缓至相对稳定。在经济发展第一、二阶段的交点就是"刘易斯拐点"。

随着经济的不断发展，许多经济学家依据现实条件的变化对刘易斯的二元结构理论提出了反对意见，在他们看来，劳动力的无限供给是无法实现的，工业部门对劳动力的需求是有限的，该理论也没有考虑到农业停滞对工业的阻碍影响，缺少对生产关系、技术等要素的考察。之后，著名经济学家古斯塔夫·拉尼斯（Gustav Ranis）和费景汉（John C. H. Fei）对刘易斯的二元经济结构理论进行了发展完善，他们承认发展中国家具有两个部门，强调要关注农业农村本身的发展问题，通过科学技术的进步有效提高生产率，有效发挥农业在推动工业发展中的作用。刘易斯的二元经济结构理论静态地分析了发展中国家的经济发展，虽然不可避免地存在一定局限性，但为城乡关系的发展以及乡村振兴战略的实施奠定了理论基础。

二、改造传统农业思想

1964年，美国著名的经济学家西奥多·舒尔茨（Theodore W. Schultz）在《改造传统农业》中提出了经济增长点在于对传统农业进行改造，通过追加农业新生产要素和进行人力资本投资，发挥现代农业对经济增长的重要作用。

在农业和工业关系方面，舒尔茨认为多数经济学家侧重于研究工业对经济增长的作用，而忽视了对农业因素的研究。他提出要重视农业的作用，重新思考城市化问题，一旦政府发布支持工业发展的经济政策，将会使大量投资向城市倾斜，造成农业发展资源流失，制约了整体经济的发展。舒尔茨反对将经济发展依托于工业，提出农业也可以成为经济发展的动力，但传统农业已长期停滞不前，必须对其进行改造，发展现代农业，打破经济发展桎梏。在传统农业落后的原因方面，舒尔茨认为在传统农业中，主要依靠扩张土地和增加劳动者数量来发展生产。由于技术要素稀缺，面对农业需求压力，只能通过扩大土地面积和投入劳动力来增加农业总产值，满足农产品需求，但是这种相对均衡的生产状态使农业发展陷入停滞。在传统农业改造方面，舒尔茨认为必须发挥农业新生产要素的效能，也就是要在农业知识和农业技术方面进行投资，通过引进和推广现代生产技术，大规模提高农业生产效率，打造先进、高效的农业部门。此外，要加强人力资本投资。现代农业发展最重要的因素就是对人力资源的改造，应通过教育提高劳动者的素质和能力，培养出具备先进理念和技术的农业从业者。

改造传统农业的思想为我国农业发展提供了新思路。从我国的实际来看，农业科技应用得不够充分和农业劳动力素质偏低直接影响到我国农业生产的发展。依据改造传统农业的思想，我国在推进乡村振兴战略实施的过程中，必须重视农业的发展，依靠农业科技和提高劳动人口素质来实现农业现代化。

第三节 马克思主义关于乡村发展的理论

一、马克思主义经典作家的乡村发展理论

马克思、恩格斯、列宁站在辩证唯物主义和历史唯物主义的高度，从乡村发展的主体、核心问题、本质规律三个方面，系统阐述了对乡村发展的深刻认识。可以说，马克思主义经典作家的乡村发展理论是乡村发展以及乡村振兴战略实施的重要理论基础。

（一）马克思、恩格斯的乡村发展理论

1. 马克思、恩格斯的农民思想

马克思、恩格斯十分关注乡村发展的主体问题，对农民进行了深入的研究，核心观点包括以下几个方面。

（1）农民的阶级特性

马克思、恩格斯认为农民是一定社会历史阶段的产物，他们从事着封闭的自给自足的自然经济活动，经常陷入贫穷落后的生存状态。首先，农民具有依附性。由于小农经济具有分散性，农民在政治上处于弱势地位，不得不依附于一定的当权阶级，如地主或资产阶级。其次，农民具有双重性。一方面，农民代表着落后的生产方式和传统的生活方式，因而具有保守性，甚至是反动性。另一方面，农民境况十分悲惨，生活无以为继时，又会站起来反抗，进而具有革命性。最后，农民具有分层性。马克思、恩格斯认为农民内部分化出三个阶层，包括富裕农民阶层、小农阶层和农业工人阶层。

（2）农民的历史命运

马克思、恩格斯站在人类社会客观规律的高度指出，随着生产力的发展，农民阶级的消亡是不可避免的，会随着大工业的发展而日趋没落和灭亡。

（3）对待农民的基本原则

马克思、恩格斯认为，为了确保社会主义革命和建设事业的成功，无产阶级及其政党需要正确处理与农民之间的关系，巩固工农联盟。无产阶级及其政党需要亲自研究农村农业的实际情况，充分了解农民的要求，尽力维护农民的利益，并根据不同的历史时期，提出恰当的农民问题纲领。无产阶级一旦掌握国家权力，

绝不能用暴力剥夺小农，而是要通过自愿和示范相结合的原则完成农村生产关系变革。

2. 马克思、恩格斯关于农业发展的理论观点

马克思、恩格斯对乡村发展的核心——产业发展问题也多有论述，强调了农业对经济社会稳定、发展的作用，核心观点包括以下几个方面。

（1）农业是人类生存的首要条件

马克思认为，农业是人类衣食之源、生存之本。没有农业，人类就无法生存，更没有劳动力的生产与再生存。恩格斯也指出，"农业是整个古代世界的决定性的生产部门"[1]。

（2）农业劳动是社会分工的基础

马克思指出，"农业劳动（这里包括单纯采集、狩猎、捕鱼、畜牧等劳动）的这种自然生产率，是一切剩余劳动的基础"[2]。人类社会发展初期，生产力水平低下，为了维持基本的生存需要，每个人都必须参与生产劳动。随着生产力的发展，农业有了剩余劳动力，可以从农业生产中分离出部分劳动力来从事手工业、商业等非农生产。

3. 马克思、恩格斯的城乡关系理论

马克思、恩格斯在考察资本主义统治下底层工人的生活状况时，看到了底层工人与农村居民被资本家疯狂地压榨和剥削，并逐渐关注到城市与农村、工业与农业之间的关系，逐渐形成了自己的城乡关系理论，该理论揭示了农村发展的本质规律。马克思、恩格斯的城乡关系理论主要包括"城乡同一""城乡分离与对立""城乡融合"三个方面的内容。

（1）城乡同一

马克思、恩格斯揭示城乡关系发展是从城乡同一阶段开始的，他们指的城乡同一阶段与未来城乡融合阶段并不相同，城乡同一阶段主要产生于生产力落后和社会制度不完善的蒙昧时代和野蛮时代。在蒙昧时代，人民主要生活在自动集聚而形成的集群中，生产工具落后，生产力低下，除了最简单的男女分工外并没有真正意义上的社会分工，城市也没有完全形成，城市与农村并没有真正明面上的分工和界限，城乡依旧处于同一的局面。随着生产力推动原始社会的发展，早期村落基本形成并得到发展，因自然条件等聚集相当数量的群体而自发形成的城市

---

[1] 马克思, 恩格斯. 马克思恩格斯全集：第21卷 [M]. 北京：人民出版社，1965：169.
[2] 马克思, 恩格斯. 马克思恩格斯全集：第25卷 [M]. 北京：人民出版社，1974：713.

也初具雏形，这个阶段城市与农村的界限也并不明显，城市与农村之间实质性的分离也未出现，因此城市与农村依旧是同一的。

（2）城乡分离与对立

马克思、恩格斯对城乡分离与对立的现状持批判的态度，他们认为城乡对立是具有弊端和局限性的，对社会发展具有阻碍作用，因此实现城乡融合必然要消除城乡分离与对立的社会状态。

城乡分离与城乡对立实际上是不同的两个概念，城乡分离主要存在于城乡对立之前，具有一定的积极意义，而城乡对立存在于城乡分离之后，弊大于利。城乡分离主要指随着城市脱离农村并形成独立的发展区域，城市与农村之间由于社会分工的不同，两者的发展方式、生活方式、生活环境等存在较大的差异，城乡关系由之前的"城乡同一"的状态逐渐走向分离的状态。城乡分离是基于城市与农村的差异而产生的，是必然产生的状态，不存在正确与错误之分。城乡对立则是由于私有制的产生，城乡之间利益不同，双方矛盾逐渐凸显和加剧而无法调和，城乡双方逐步走向对立和矛盾的状态。城乡对立主要是由于资产阶级对无产阶级的持续压榨和剥削而产生的阶级矛盾的状态，易于引发阶级斗争，阻碍社会有序地发展，因此马克思、恩格斯的城乡关系思想的目标是消灭城乡对立，实现城乡融合。

（3）城乡融合

城乡融合是马克思、恩格斯充分借鉴以托马斯·莫尔（St. Thomas More）的《乌托邦》、夏尔·傅立叶（Charles Fourier）的"法朗吉"和罗伯特·欧文（Robert Owen）的"合作公社"为代表的空想社会主义学者的城乡思想，在对资产阶级统治下而引发的"城乡分离与对立"状态进行批判的同时形成的思想观点，是马克思、恩格斯的城乡关系理论的最终归宿，也是未来共产主义社会的重要部分。

城乡融合指的是生产力发展到一定程度时，把城市和农村生活方式的优点结合起来，避免二者的片面性和缺点。马克思、恩格斯从人类社会综合发展的角度认识到，"城乡分离与对立"只是随着生产力发展而在人类特定的历史阶段形成的社会现象。同样，这种现象将会随着生产力发展到一定高度时被未来共产主义社会消灭，最终实现城乡融合。但是城乡融合只是马克思、恩格斯认为在未来共产主义社会中能实现的美好愿景，受制于马克思、恩格斯所处的时代背景和当时的生产力水平，他们并没有对城乡融合做出具体的描述，同样也没有对如何实现城乡融合给出具体的实践途径，人们只能根据马克思、恩格斯的著作中对城乡融合的碎片性的阐述进行相关的研究。马克思、恩格斯的城乡融合观点重点涉及三个方面：工农业的结合、城乡人口均衡分布、城乡文化和生活方式的融合。

城乡关系理论是马克思、恩格斯乡村发展理论的重要内容。马克思、恩格斯站在城乡关系的角度揭示了乡村发展的本质规律，他们指出农村的衰败是生产力发展水平还不够高的阶段的必然过程，随着生产力的逐渐发展以及私有制的逐步消灭，城乡融合格局会最终形成，农村的发展也必然重焕生机与活力，人会得到更加自由而全面的发展，人与自然的关系也会更加和谐统一。

（二）列宁的乡村发展理论

1. 列宁的农民思想

列宁是世界上第一个社会主义国家的缔造者，他在继承马克思、恩格斯的农民思想的基础上，提出了许多新的见解，丰富了马克思主义理论学说，对促进农民思想转变具有重要的指导作用。

（1）要注重维护农民的经济利益

列宁在继承马克思、恩格斯理论的基础上，充分认识到农民虽然是无产阶级最可靠的同盟军，但他们的生活环境却比较恶劣，经济利益得不到维护，就此提出要在俄国的探索实践中高度重视农民的发展问题，努力维护农民的经济利益。战争结束后，列宁推行新经济政策，鼓励用粮食税代替余粮收集制，规定农民缴纳完粮食税后，可以把剩下的农产品拿到市场进行交易，这项政策维护了农民的经济利益，为农民的发展提供了物质基础，有利于调动农民的生产积极性，也有利于改善农民的生活状况。在1922年的共产国际第四次代表大会上，列宁指出："一年来农民不仅战胜了饥荒，而且交纳了大量的粮食税……在1921年以前，农民暴动可以说是俄国的普遍现象，而今天差不多完全没有了。"[1]这充分体现了列宁对农民经济利益的重视，夯实了农民充分发展的物质基础，减少了农民社会暴力事件的发生次数，一定程度上促进了农民思维方式的转变和思想观念的变革。

（2）要注重提高农民的文化素质

列宁在建设社会主义的过程中，不仅关注经济的发展，更注重人民文化素质的提升。根据1920年俄国居民识字状况表，俄国每1000名男子中不识字人数占60%，每1000名妇女中不识字人数竟占75%，而且大部分文盲是农民。针对这个统计，列宁感叹道："在一个文盲的国家里是不能建成共产主义社会的。"[2]

---

[1] 列宁.列宁全集：第43卷[M].北京：人民出版社，2017：284.
[2] 列宁.列宁全集：第39卷[M].北京：人民出版社，2017：344.

因此，他主张开展农村文化建设工作，提高农民的文化素质。

一是大力开展农村扫盲工作，签署一系列关于扫盲的文件，成立扫盲工作委员会与扫盲学校，建设农村文化基础设施。

二是加大教育投资，提高教师待遇。主张精简其他机构经费以支持教育事业，发展农村教育，普及知识。而且列宁曾经说道："应当不断地加强组织国民教师的工作……以便通过他们去争取农民，使农民脱离同资产阶级的联盟而同无产阶级结成联盟。"[①] 要注重教师地位的提高，发挥教师争取和教育农民的作用，促使农民与无产阶级结成同盟。

三是开展城乡交流。列宁主张："在城市工人和农村雇工之间建立交往。"[②] 通过工人和城市基层党组织向农民宣传共产主义思想，逐步提高农民的思想认识。

四是主张教育农民文明经商。采用合作社的形式教育农民，提高他们的现代经济本领，文明经商，消除农民身上旧文化的痕迹。

通过这一系列的文化建设活动，苏维埃政府建立后的前三年，就有了数以百万计的人学会了看书写字，农村中的文盲大量减少，农民的文化素质有了明显的提升，思想观念也随之发生了新的转变。

（3）要加强对农民的宣传教育

列宁认为，农民是无产阶级政党的重要依靠，他强调要加强农民思想政治教育，鼓励农民积极投身于社会主义建设。他指出："我们应当赶快用我们的一切宣传手段、一切国家力量、一切教育、一切党的手段和力量来说服非党农民。"[③] 所以，必须不断改造农民思想中的小农意识和小资产阶级意识等，积极开展党的纲领政策、形势与任务、爱国主义和无神论等教育培训活动，提高农民的政治素养，增强他们对社会主义制度的认可度和归属感，引导他们参与社会主义的建设，不断巩固无产阶级政权。

经过一系列农民思想政治教育工作的开展，农民在思想上对苏维埃政府的认同度有了明显的提高，农民的思想观念发生了显著的变化，整体上呈现积极健康的态势，这是一个明显的进步。

2. 列宁关于农业发展的理论观点

产业问题是农村社会发展的核心，农村的发展离不开产业特别是农业的推动，列宁对农业发展问题提出了诸多精辟的见解，具体如下：

---

① 列宁.列宁全集：第43卷［M］.北京：人民出版社，2017：362.
② 列宁.列宁全集：第43卷［M］.北京：人民出版社，2017：363.
③ 列宁.列宁全集：第40卷［M］.北京：人民出版社，2017：148.

第一，农业发展具有重要战略意义。列宁认为，发展农业是俄国国民经济的基础，他强调"作为我们共和国对内对外政策首要问题之一提出来的一个基本问题，就是发展整个经济，首先是发展农业"[①]。一方面，发展农业的重要性集中体现在粮食问题上，粮食问题关乎国家政权的存亡，关乎社会的稳定；另一方面，缺少农业，工业也难以发展。

第二，发展农业的核心在于提高农业生产率。列宁认为，提高农业生产率不仅是一个重大的经济问题，同时也是一个重大的政治问题。农业生产率的提高有利于发展经济，改善人民的生活，也能保证新社会制度的胜利。提高农业生产率的关键在于发展先进科学技术，列宁主张推广农业新技术，优先分配农业机械，建立农村小型电站，以改善农业生产，并且他高度重视科技人才对农业发展的作用，强调要壮大农艺师队伍，加强农艺师对农业活动的技术指导。

第三，发展农业既要从内部因素入手，也要通过国家帮助和工业支援提供外部保障。就内部因素而言，解决农业发展难题，需要加强对农业生产资料的改良，改良农具、种子和各种物资。同时，通过提高农民的科学文化素养，以实物奖励调动农民的生产积极性，从而促进农业生产发展。就外部保障而言，列宁主张国家加大对农业的投入和对农民的帮扶力度，并通过制定与实施农业法案和法令，任用有农村工作经验的领导干部，健全农业发展制度。在工农关系上，列宁提倡以工促农、工农互助，进而促进农业的发展。

3. 列宁的城乡关系理论

列宁继承了马克思、恩格斯的城乡关系理论，并结合俄国国情对城乡对立进行了深刻的思考，提出消除城乡对立、保障乡村发展的理论观点，进一步深化了对乡村发展本质规律的认识，其核心观点主要包括以下几个方面。

（1）城乡差别对经济、政治、文化的影响

在经济方面，列宁认为城乡差别致使社会资源汇聚于城市，促进了城市的发展，带来了积极的影响，但是与此同时，农村的资源被抽吸，对农村的生产力造成极大的破坏，使农村的发展处于落后状态。在政治方面，列宁认为在城乡差别拉大的情况下必须坚持工农联盟政策，促使工农业相结合，加强城乡间的联系。在文化方面，列宁认为城乡差别是农村文化落后的根源。综合多方面影响，列宁认为城乡差别带来的消极影响是处于主导地位的，基于此，必须努力缩小乃至消除城乡差别。

---

① 列宁. 列宁全集：第42卷 [M]. 北京：人民出版社，1987：283.

（2）城乡对立产生的根源

列宁认为，城乡对立源于生产力水平低及私有制。列宁认为，"在共产主义第一阶段还不能做到公平和平等，因为富裕的程度还会不同，而不同就是不公平"[1]，城乡对立是由生产力水平低引起的。同时，列宁继承了马克思、恩格斯的观点，认为在私有制下，与农村相比，城市在经济、政治、文化等方面有很多优越的条件，而这致使城乡对立愈加激烈。

（3）消除城乡对立的有效途径

列宁认为消除城乡对立，必须进行社会革命。只有无产阶级最终战胜资产阶级，"城市才有可能给落后而分散的农村以技术的和社会的根本的帮助"[2]。消除城乡差别也需要大力发展生产力。列宁认为，"在把城乡连接起来的电气化的基础上组织工业生产"[3]，可以消除城乡间的悬殊现象。推进农村人口城市化进程，也是拉平城乡差距的有效途径。列宁强调城市化过程是城市文明和工业文明逐步取代传统农业文明的过程，它有利于缩小城乡差别和工农差别。充分发挥国家对农民的支持职能也是十分必要的。

列宁提出国家应大力帮助农民，保证物资供应，给予技术指导，保证农民的生产和生活。除此以外，列宁还谈到了城乡人口融合对消除城乡差别的重要作用，他认为"只有农业人口和非农业人口混合和融合起来，才能使农村居民摆脱孤立无援的地位"[4]。列宁的城乡关系理论表明，城乡差别及其固化是农村经济文化落后的主要原因，只有缩小城乡差别、消除城乡对立，才能推进农村各项事业健康发展。列宁对城乡对立根源的分析以及对消除城乡对立途径的思考，实质上回答了农村如何发展的问题，对乡村发展的本质规律有了进一步的探索。

二、马克思主义中国化理论成果中的乡村发展思想

马克思主义中国化理论成果主要体现在党的文献和党的领导人重要讲话中。新中国成立以来，毛泽东、邓小平、江泽民、胡锦涛、习近平同志在带领人民完成各阶段历史使命的过程中，在继承创新马克思主义乡村发展思想的基础上，探索形成的具有时代特征的乡村发展思想是乡村振兴战略重要论述的理论来源。

---

[1] 列宁.列宁全集：第31卷[M].北京：人民出版社，1985：89.
[2] 列宁.列宁全集：第39卷[M].北京：人民出版社，1986：175.
[3] 列宁.列宁全集：第38卷[M].北京：人民出版社，1986：117.
[4] 列宁.列宁全集：第2卷[M].北京：人民出版社，1984：197.

（一）毛泽东关于乡村发展的思想

毛泽东关于发展农业和教育农民的思想，是他在领导人民进行社会主义工业化建设和社会主义改造的实践探索中形成的，是其社会主义革命和建设理论的重要组成部分。

1. 走工农并举的工业化道路

新中国成立以来，为了把我国从落后的农业国建设成先进的工业国，毛泽东指出应以工业为主导，将重工业作为经济建设的重点。但与此同时，他强调不能忽视我国是一个农业大国的国情。只有农业发展了，才能为重工业提供原料、市场和资金，才能使工业的基础更为稳固。基于此认识，毛泽东提出"发展工业必须和发展农业同时并举"的重要思想。

2. 加强农民教育

毛泽东多次强调要加强农民教育，开展扫除文盲工作。他曾经在《论联合政府》的报告中指出："农民——这是现阶段中国文化运动的主要对象。所谓扫除文盲，所谓普及教育，所谓大众文艺，所谓国民卫生，离开了三亿六千万农民，岂非大半成了空话？"[①] 因此，为了整个文化活动的开展，必须抓住农民这个主体，提高农民的素质。毛泽东结合前人经验，开辟了农民教育的新天地，提出了要把思想政治教育放在首位的农民教育思想理念，加大农民的文化教育、职业技术教育和军事技能教育的力度，不断推进农民思想观念的变革，提高农民的科学文化素质，不断激发他们参与革命和建设的热情，在实践探索中求进步、求胜利。

3. 提出农业现代化的目标

1963年夏天，毛泽东提出："把1963年到1965年这三年作为一个过渡阶段。三年过渡之后，搞一个十五年的设想，就是基本上搞一个初步的独立的国民经济体系，或者说工业体系；然后再有十五年左右，建成一个具有现代化农业、现代化工业、现代化国防和现代化科学技术的社会主义强国。"[②] 这意味着毛泽东在分析我国国情后，提出要把农业现代化放在首位，体现出农业现代化对我国经济发展的重要性。农业要想实现现代化，最关键的因素是农民，只有培养高素质的农民，鼓励他们参与农村现代化建设，才能加速实现农业现代化。因此，必须充分抓住农民群众这个主体，加大农业生产中机械的使用程度，鼓励农民自我提升、

[①] 毛泽东.毛泽东选集：第3卷[M].北京：人民出版社，1991：1078.
[②] 逄先知，金冲及.毛泽东传（1949—1976）[M].北京：中央文献出版社，2003：1358.

自我变革，树立主人翁意识，激发农民参与科学文化知识教育培训活动的热情，促使农民更新思想观念，提高自身素质，为实现农业现代化贡献自己的力量。

（二）邓小平关于乡村发展的思想

党的十一届三中全会后，邓小平在总结毛泽东所领导的社会主义革命和建设得失成败的基础上，领导广大农民进行了以发展农业生产、恢复农村经济为着眼点的农村改革。在此过程中，他不断总结实践经验，形成了丰富的农村改革思想。

1. 农村改革的核心是调动农民的积极性

邓小平历来心系农民，多次提出要调动农民的积极性，保障农民的生产经营自主权。他在《怎样评价一个国家的政治体制》中指出："我国百分之八十的人口是农民。农民没有积极性，国家就发展不起来。"[1] 在发展农村经济的过程中，必须坚持农民的主体地位，维护农民的利益，增加农民的收入，提高农民的生产积极性，使农民成为农村的主人，进而促进农民发展进步。

2. 农业的改革与发展要有"两个飞跃"

基于对我国国情、农情的思索和对农村改革经验的总结，邓小平指出："中国社会主义农业的改革与发展，从长远的观点看，要有两个飞跃。第一个飞跃，是废除人民公社，实行家庭联产承包为主的责任制。这是一个很大的前进，要长期坚持不变。第二个飞跃，是适应科学种田和生产社会化的需要，发展适度规模经营，发展集体经济。这是又一个很大的前进，当然这是很长的过程。"[2] 这一农业改革发展的重大战略构想既肯定了责任制的作用，又坚持将发展规模经济、集体经济作为农村改革的总方向。

3. 农村改革的一大特点就是发展乡镇企业

乡镇企业是基层探索的产物，邓小平对其给了了高度评价。他认为乡镇企业的发展可以转移农村剩余劳动力，解决农村剩余劳动力50%的人的出路问题；乡镇企业通过化肥、农药、农具等的生产，可以为农业提供生产资料；乡镇企业创造的财富可以为农业基础设施的兴建提供资金支持。因此，乡镇企业通过"以工补农"，起到了促进农业发展的作用。

（三）江泽民关于乡村发展的思想

20世纪90年代，江泽民敏锐地察觉到，随着农产品供求矛盾的缓和，农产

---

[1] 邓小平.邓小平文选：第3卷[M].北京：人民出版社，1993：213.
[2] 邓小平.邓小平文选：第3卷[M].北京：人民出版社，1993：355.

品买方市场出现，农民收入增长缓慢的问题越来越突出，必须引起高度重视。基于此认识，江泽民不仅关注农业发展，而且关注农村经济与农民增收。他指出，"农业、农村和农民问题，始终是关系我们党和国家全局的根本性问题"[1]，影响国家经济社会发展战略目标的实现和社会稳定。

1. 农业产业化是我国农业逐步走向现代化的现实途径

改革开放以来，我国农村建立了家庭联产承包责任制，基本解决了全国人民的温饱问题。但小农经营自身的弱点使其难以应对市场化大潮，农民利益受损严重。基于此背景，江泽民提出了农业产业化经营思想，主张以市场为导向，调整农业产业结构，促进农户小生产转型升级。江泽民认为，农业产业化经营在引导农民进入市场、带动农业结构的调整以及促进农民增收三大方面发挥着重要作用。就实现农业产业化经营的路径方面，江泽民高度重视组织的作用。他指出，"要大力发展农业的社会化服务体系，发展贸、工、农一体化的产业经营方式，引导农民发展各种新的联合与合作，逐步建立和发展连接农户与市场的各种必要的中介组织"[2]。

2. 发展小城镇

20世纪90年代初期，江泽民就看到了乡镇企业对于城镇发展的重大作用，提出将发展乡镇企业同打造新型小城镇相结合的战略构想。20世纪90年代末期，江泽民从转移农村富余劳动力、提高农业劳动生产率、带动消费等方面高度肯定了小城镇建设的重要作用，要求着重部署小城镇发展。

3. 增加农民收入

江泽民深刻指出，"农业结构不合理、城镇化水平低、农业劳动生产率不高"[3]等是农民增收缓慢的原因。促进农民增收，要调整农业和农村经济结构，"这是增加农民收入的根本途径"[4]；要实施城镇化战略，促进农民非农化，广辟农民就业渠道；要加强农业保护，提高农业的国际竞争力和农民收入水平。

4. 加强农村基层组织建设

江泽民强调要把握好乡村发展的方向，重视农村基层党组织建设。他强调家庭联产承包责任制应长期坚持不变，继承了邓小平农村经济改革理论。他提出农

---

[1] 中共中央文献研究室.十四大以来重要文献选编：上［M］.北京：人民出版社，1996：421.
[2] 中共中央文献研究室.江泽民论有中国特色社会主义［M］.北京：中央文献出版社，2002：130.
[3] 中共中央文献研究室.江泽民论有中国特色社会主义［M］.北京：中央文献出版社，2002：132.
[4] 中共中央文献研究室.江泽民论有中国特色社会主义［M］.北京：中央文献出版社，2002：132.

业产业化思想，发展了邓小平"两个飞跃"论，为在以家庭承包经营为基础、统分结合的双层经营体制下，小农户经营如何对接大市场问题提供了思想指导。他提出通过城镇化转移农村富余劳动力，发展了马克思主义城乡关系理论，为处理中国城乡关系问题提供了重要借鉴。他对农民负担问题的关注以及农业保护政策思想的提出，是中国加入世界贸易组织（WTO）背景下的智慧决策，体现了以人为本的哲学意蕴。此外，江泽民在新形势下对加强农村基层党组织建设的强调，有利于巩固党的执政基础，对当下乡村组织振兴有重要借鉴意义。

（四）胡锦涛关于乡村发展的思想

1987年至2003年中国改革的重心偏向城市和工业，连续17年没有出台关于"三农"的一号文件，导致农业基础薄弱、农村发展滞后、城乡差距大，"三农"领域综合性问题突出。2005年胡锦涛在党的十六届五中全会上提出建设社会主义新农村，其主要思想如下。

1. 走中国特色农业现代化道路

胡锦涛将推进农业现代化作为社会主义新农村建设的首要任务。就具体路径而言，他提出要转变农业发展方式，构建现代产业体系和利用现代经营形式。他基于对现代化进程中农业现代化滞后问题的深刻认识，提出在工业化、城镇化的深入发展中同步推进农业现代化的思想，以期通过工业化和城镇化的带动，补齐农业现代化的发展短板。

2. 保障农民权益

胡锦涛提出："实践充分证明，只有坚持把解决好农业、农村、农民问题作为全党工作重中之重……坚持保障农民物质利益和民主权利，才能不断解放和发展农村社会生产力，推动农村经济社会全面发展。"[①]基于我国农业人口占我国人口绝大多数的事实，要走向现代化，就必须坚持科学发展观的指导，切实保障农民在土地、民主、劳动、社会等方面的权益，不断提高农民的思想认识，变革农民思想观念，鼓励农民积极参与农业农村建设，逐步推动农业农村现代化的进程。

3. 培育新型农民

在党的十七大报告中，胡锦涛提出要"培育有文化、懂技术、会经营的新型

---

① 中共中央关于推进农村改革发展若干重大问题的决定[M].北京：人民出版社，2008：4.

农民，发挥亿万农民建设社会主义新农村的主体作用"[①]。一方面要不断提高农民的综合素质，使他们掌握先进的技术手段，开展现代农业；另一方面要引导农民积极应对市场变化，逐步增强经营管理能力。因此，要动员全社会的力量来改进农村的生产方式和生活方式，提高农村的经济发展水平，完善农村教育体系，开展丰富多元的农村文化活动，健全农民培训机制，培育新型农村人才队伍。只有这样才能培育出一批新型农民，才能发挥他们的榜样示范作用，才能带领全体农民实现思想观念的变革，促进农业农村现代化的实现。

（五）习近平关于乡村发展的思想

党的十八大以来，习近平总书记把握新矛盾，提出了一系列理论，这些理论的提出对促进农民思想观念现代化具有重要的指导作用。

1.必须重视农村经济发展

习近平总书记强调，农民要想发展，就要有强大的物质基础的支撑，因此必须推动农村经济发展。在推动农村经济发展的进程中，习近平总书记致力于脱贫攻坚、乡村振兴，正如他所说："扶贫始终是我工作的一个重要内容，我花的精力最多。"[②]他强调消除贫困、共同富裕是社会主义的本质要求，要坚持精准扶贫、内源扶贫、社会合力扶贫，做好反贫困制度建设，开展反贫困国际合作，绝不能让部分人民群众掉队。

经过长期努力，我国取得了脱贫攻坚的全面胜利，消除了绝对贫困，完成了第一个百年奋斗目标。习近平总书记强调，在向第二个百年奋斗目标迈进的历史关口，巩固和拓展脱贫攻坚成果，全面推进乡村振兴，加快农业农村现代化，是需要全党高度重视的一个关系大局的重大问题。我们要做好巩固脱贫成果与实施乡村振兴战略的有效衔接，按照产业兴旺、生态宜居、乡风文明、治理有效、生活富裕的总要求，建立健全城乡融合发展体制机制和政策体系，加快推进农业农村现代化。

要坚持这个总要求，持续推进农村一、二、三产业融合发展，发展特色农业产业，支持龙头企业做大做强，为农民群众提供就业岗位，实现农民收入增加。在未来，我们仍要在实践中落实这些举措，保障农民持续增产增收，夯实农民思想观念的现代化的物质基础。

[①] 胡锦涛.胡锦涛文选：第2卷[M].北京：人民出版社，2016：631.
[②] 习近平.携手消除贫困 促进共同发展[N].人民日报，2015-10-17（2）.

2. 要持续推进美丽乡村建设

习近平总书记提出,农民发展需要有良好的外部环境。他指出,以建设美丽宜居村庄为导向,以农村垃圾、污水治理和村容村貌提升为主攻方向,动员各方力量,整合各种资源,强化各项举措,加快补齐农村人居环境突出短板。在未来,我们仍需抓住农民这个主体,满足农民的基本需求,整治农村生态环境,不断推进美丽乡村建设,为农民提供舒适的人居环境。总之,要满足农民自身发展的要求,必须加快美丽乡村建设,推动乡村振兴,为农民思想观念的现代化提供一个良好的外部环境。

3. 要注重培育新型职业农民

习近平总书记高度重视农民自身素质和技能的提升,在2017年3月提出了关于新型职业农民的观点,即"爱农业、懂技术、善经营"。习近平总书记以九字定义了新型职业农民必备的素质,是对农民未来发展的期许。我们要坚持与时俱进,持续推进乡村人才队伍建设,加快培育特色乡土人才,积极开展乡村产业、治理、科技和公共服务的教育活动,不断提高农民的职业技能水平,为农村发展进步培育出一大批新型职业农民。这充分显示了我国农村社会对新型职业农民的需求,他们是促进农业农村发展的先进工作者,只有建设好新型职业农民队伍,发挥他们的示范作用,才能更好地带领广大农民群众变革思想观念,实现个人的发展。

第三章 新时代乡村振兴战略的实施现状

为了加快实施乡村振兴战略,全国上下各个地方都在下大力气紧抓农村工作。本章主要分析了新时代乡村振兴战略的实施成效以及存在的问题,以期为提出有效的实施建议奠定良好的基础,促进乡村振兴战略有效实施,不断满足人民的美好生活需要,为建设社会主义现代化国家谱写新篇章。本章分为新时代乡村振兴战略实施取得的成效和新时代乡村振兴战略实施存在的问题两部分。

第一节 新时代乡村振兴战略实施取得的成效

近年来,各地区、各有关部门按照新时代乡村振兴战略的总要求,在改造农业供给侧上发力,取得了一定成效。具体体现在抓好顶层设计、注重关键领域发展、促进生态文明建设、构建乡村治理共同体等方面。

一、顶层设计初具雏形

(一)政策体系基本完善

根据《中共中央 国务院关于实施乡村振兴战略的意见》,各省市根据地区实际情况制定并实施了《关于实施乡村振兴战略的意见》。与此同时,各级政府继续加大对农村的帮扶力度,大力扶持农业综合性企业,建立生产经营和管理体系,培育新型涉农产业,着重推进集约化、机械化经营。

(二)责任体系基本建立

到目前为止,各地县区一级政府已经完成了对下属各村镇人民政府的权力和职责调整,明确落实各村镇办事处机构的权力和职责,明晰其在乡村振兴战略实施中的主要职责。同时完善各级别责任体系,以专项活动办公室及领导小组为中心,落实促进农业产业发展过程中各部门的责任。在农业生产方面,继续落实粮食安全生产责任制，自上而下层层签订责任状，把年度粮食生产计划分解落实到各个村镇，确保粮食生产安全顺利进行。

二、关键领域取得成效

各地认真落实乡村振兴战略实施方案，围绕乡村振兴战略的主体目标，重点在产业兴旺、生态宜居等方面下功夫，目前已经取得了一定成效。

（一）在促进产业兴旺上取得初步成果

一是通过促进农村产业的转型和升级工作，打造了一批特色产业。根据"产业富民"工作方案，积极发展药材、花卉、果蔬、特色农业、水库农业等产业，在各地形成独特的种植业。乡村旅游业使乡村作为休闲胜地和休闲农场成为现实，带动了农业产业的发展和农民的就业。二是积极鼓励教育、旅游、文化、养护和农业相关产业的深度融合，探索和发展新产业和新形式。三是指导乡村建设优势特色产业，优化种植结构，建立优质农产品品牌；加快"三品一标"认证，在乡村中大力推广电子商务，建设具有规模、特色和优势的农业产业，重点建设和发展农业示范村、农业示范基地，再通过它们带动相关产业的发展。目前在乡村初步建立了"一村一业""一村一品"的产业发展布局，特色农业产业得到了快速发展，并取得了良好的经济效益。

（二）在建设美丽乡村上取得一定成果

一是逐步发展清洁村庄。各地在农村地区建立了从镇级垃圾处理中心到村级垃圾处理站的垃圾处理体系，能够回收处理乡村产业的垃圾，大大减少了农村废物污染，有效保护了自然环境。同时，绿色村庄试点的建设非常有效，试点建设的资金投入到位，示范点将带动更多的村庄保护农村环境。二是增加了生态村建设投资。自实施乡村振兴战略以来，各级政府一直坚持在农村地区建设生态村，在农村绿化建设上投入大量资金，通过植树造林、水污染防治和其他环境保护项目，农村生态环境大大改善。在农村生态建设方面的大量资金投入，在一定程度上促进了美丽乡村建设。

三、生态文明建设取得初步成果

（一）绿色发展方式逐步形成

坚持绿色发展方式是农村生态文明建设的应有之义，是实现人民对美好生活向往的必然要求。我国幅员辽阔，各地区存在着自然条件、人文景观、风俗习惯等各方面的差异，因此各地区应结合自身发展条件，因地制宜，实事求是，走出一条具有自身特色的绿色发展道路。

1. 创新农村产业发展模式

实现农村产业转型要转变生产方式，改造传统产业，淘汰落后产能，积极培育资源节约型和环境友好型的产业。党的十八大以来，我国积极推进生态文明建设，各地区各乡村对生态产业发展模式进行了深入探索，探索出各具特色、适合自身的产业发展模式。例如，宁夏回族自治区青铜峡市通过发展壮大村集体经济，提升后进村党组织综合能力，采用"多村一业、一村多品"的发展模式，规划"村级党组织"领班式、"多村联建"合作式等多元化发展路径，培育出旅游观光、物流运输等一大批具有本地特色的绿色产业，实现了乡村产业的华丽转型。

2. 积极推进农村生态产业化

生态产业化要求加快生态文明建设，将良好的生态资源转化为经济效益。例如，广东云浮市深入贯彻习近平生态文明思想，持续把"生态+"理念融入经济建设，因地制宜，依托优质的生态环境，打造林下种植、林下采集加工等林下经济发展模式，打造乡村美、产业兴、百姓富的乡村振兴新局面，将生态优势转化为经济效益，实现生态的产业化发展，为乡村振兴奠定了绿色底蕴。

（二）生态文明体制建设日渐健全

农村生态文明建设需要制度和法治兜底。党的十八大以来，我国生态文明建设的"四梁八柱"逐步建立。

1. 生态文明制度体系日益完善

党的十八届三中全会提出，建设生态文明，必须建立系统完整的生态文明制度体系，实行最严格的源头保护制度、损害赔偿制度、责任追究制度，完善环境治理和生态修复制度。2015年4月，《中共中央 国务院关于加快推进生态文明建设的意见》出台，明确提出生态文明建设的总体要求、制度体系等。同年9月，中共中央、国务院印发《生态文明体制改革总体方案》，提出健全自然资源资产产权制度等八项制度。在此之后，我国陆续出台一系列专项政策制度，生态文明制度体系日臻健全。

2. 生态环境保护法治体系逐渐完善

党的十八大以来，我国陆续颁布针对生态文明建设的相关法律条文。2014

年4月新修订的《中华人民共和国环境保护法》对农村环境综合整治、农业面源污染防治等多方面进行了原则性规定,并且在具体领域制定、修改了一系列的法律法规,如《中华人民共和国土壤污染防治法》《中华人民共和国渔业法》等。2018年,生态文明被写入宪法。2020年通过的《中华人民共和国民法典》也对生态文明建设有规定。此外,各地方也出台了一系列关于农村生态环境保护的法律法规,如《河北省乡村环境保护和治理条例》《广西壮族自治区水污染防治条例》等。这一系列国家层面和地方层面的生态环保法律法规的颁布实施,标志着生态文明制度体系建设逐步完善。

(三)农村人才队伍逐渐壮大

人才是生态文明建设的关键,党的十八大以来,党和国家十分重视农村人才队伍建设,经过多年的发展,农村人才队伍规模稳步壮大,成为农村生态文明建设的重要力量。

首先,选优配强基层领导干部队伍,提升乡村治理效能。经过选优配强,基层领导干部的素质明显增强,有效带动了基层治理能力的提升,加深了领导干部同群众的联系以及提高了其服务群众的水平。例如,重庆市不断加强村干部队伍建设,通过综合考量村党组书记履职情况,大力选拔对党忠诚、能够带领发展和服务能力强、能够科学准确地把握政策以及善于做群众工作的人才担任村党组书记,带领村民不断探索适合自身发展的路子,为乡村振兴注入动力。广东省广宁县为了选优配强领导班子,通过"走出去,请进来"的方式积极引导外出大学生、优秀退役军人、外出务工经商人员等回村参选,为建设家乡贡献力量,助推乡村全面振兴。同时,在当地选拔学历高、有能力、懂经营、善管理的人才作为村两委干部人选,以提升基层领导班子的能力,优化队伍结构。

其次,农业科技创新人才队伍不断壮大,有力地推动了农业科技的发展和生产力水平的提升。截至2022年,我国农业科技研发人员和技术推广人员分别达到了7万人和51万人,成为农业科技创新的突击队和技术应用的排头兵,推动农业科技进步贡献率超过60%,有力地推动了农村实现可持续发展和农业农村现代化。

四、乡村治理共同体构建取得实效

自党的十九大提出乡村振兴战略和党的十九届四中全会提出建设社会治理共

同体以来，我国乡村治理共同体在探索中不断调整完善，在治理主体结构、治理成果方面取得了显著的成就。

（一）治理主体渐趋多元

在长期的乡村治理实践中，我们党逐步认识到传统的一元治理模式已难以满足现代化治理需求，而只有构建乡村治理共同体，让多元主体参与到乡村公共事务中，才能推动乡村有效治理。因而，在现阶段，我国持续推动共建、共治、共享理念向乡村治理实践延伸，不断强调要形成以农村基层党组织为核心的"一核多元"乡村治理格局。

1. 农村基层党组织领导核心地位得以强化

基层党组织是党在农村开展工作的基础，是构建乡村治理共同体的核心。如今，事关乡村治理工作的会议和各项重要文件，都将农村基层党组织放在至关重要的位置，彰显了农村基层党组织在乡村治理共同体构建中的领导地位。同时，在构建乡村治理共同体的实践中，农村基层党组织的地位也得以不断强化。

农村基层党组织在参与乡村治理的过程中，充分发挥自身优势，整合各方利益诉求和治理资源，协调多元治理主体的矛盾冲突，引导其有序参与乡村公共事务。这在推动乡村有效治理的同时，增强了群众认可度，进一步夯实了自身的领导核心地位。

2. 多元治理主体参与意识得以激活

近年来，我国对"三农"问题愈发重视，各类资源源源不断地涌向乡村，为乡村带来了巨大的发展机遇。在这一过程中，乡村公共事务内容呈现多样化、复杂化的趋势，致使乡镇政府无力承担全过程的治理服务。故而，乡镇政府开始转变治理观念，将更多的治理权力下放，引导其他治理主体发挥治理作用，推动其由被管治转向参与乡村公共事务。与此同时，乡村社会力量和村民的参与意识也在不断被激活。

随着物质生活的丰富和民主政治的发展，一方面，村委会、乡村社会组织等乡村社会力量参与乡村治理的权益得到有效保障，并且乡村社会力量的自身实力也在逐步提升，促使其独立参与乡村公共事务的意愿逐渐增强。另一方面，村民的保守性和封闭性日益减弱，眼界更加开阔，逐步认识到自己的主人翁地位了，了解到自身的合法权益，推动了他们参与意识的提升。特别是作为村民参与乡村公共事务"领头羊"的新乡贤，他们往往拥有较高的文化水平和较强的法律意识，也具有更突出的参与意愿。

（二）治理成果日渐丰硕

1. 乡村社会稳定发展得以加快

如今，乡村社会以乡村有效治理为基础，不断推进乡村产业、环境、乡风和民生建设，促进了乡村社会和谐稳定发展。

（1）推动了乡村产业兴旺

在乡村治理共同体整合乡村现有资源和各种要素、协调各种利益主体的基础上，部分乡村对产业进行统筹规划，不断发展和挖掘农业、畜牧业等传统产业的附加值；同时，部分乡村因地制宜，发挥本地优势，发展起了旅游业等具有当地特色的产业；还有部分乡村在国家政策的支持下，开展了创新创业，新兴产业在乡村也得到了一定的发展。这些都在一定程度上形成了良好的产业效应，推动了乡村产业兴旺。

（2）推动了乡村生态宜居

在乡村治理共同体践行绿色发展理念、重构乡村社会发展秩序的基础上，部分乡村开展垃圾分类等环保宣传，进行"厕所改革"、污水处理等环保行动，促使村民的环保意识逐渐增强，乡村人居环境得以改善；部分乡村退耕还林、还草，促进了人与自然和谐共生，乡村生态环境得以改善。

（3）推动了村民生活富裕

在乡村治理共同体维护社会稳定的基础上，乡村社会加大了对乡村教育、医疗卫生、基础设施等村民最关心最现实的利益需求的投入力度，逐步补齐了乡村社会的短板，使村民实现了物质生活和精神生活的"双富裕"。

2. 共享发展理念得以践行

在我国社会发展过程中，逐渐重视在做大发展蛋糕的同时分好蛋糕，其核心在于坚持共享发展理念，而习近平总书记指出："共享理念实质就是坚持以人民为中心的发展思想，体现的是逐步实现共同富裕的要求。"[1]因而，践行共享发展理念就是要推动实现全体人民共同享有发展成果。目前，乡村治理共同体的"蛋糕"逐渐做大，分好"蛋糕"也在逐步推进，共享发展理念得以有效践行。

（1）治理成果共享覆盖面更加广泛

乡村社会在分"蛋糕"的过程中，愈加注重公平正义，不断缩小城乡、区域等差距，调解收入分配矛盾，并保证困难村民的基本生活。

---

[1] 习近平.在省部级主要领导干部学习贯彻党的十八届五中全会精神专题研讨班上的讲话[N].人民日报，2016-05-10（2）.

（2）治理成果共享内容更加丰富

乡村社会在村民最关心的领域精准发力，将共享内容进一步细化，分层分类，更好地回应了乡村社会成员日渐多样的美好生活需求。

（3）治理成果共享途径更加合理

乡村治理遵循共建、共治、共享原则，村民要想分享治理成果，就要参与乡村治理。这在一定程度上激发了村民的参与积极性，提升了村民的幸福感，增强了村民对乡村的认同，为乡村社会进一步发展提供了内在动力。

第二节 新时代乡村振兴战略实施存在的问题

在党和国家的高度重视和大力支持下，我国农业的进步、农村的发展、农民的收入都迎来了前所未有的提升，农业农村发展取得了历史性成就。农民持续增收，粮食连年丰收，农村人居环境有所改善，脱贫攻坚成效显著，农业产业能力也在不断提升。但由于全国各地的农业农村发展基础条件不同，发展优势和模式也有很大的差别，呈现出发展不平衡、特色不鲜明等特点。乡村发展问题想要彻底地解决需要经历一个过程，需要时间和经验的积累。乡村的经济转型和发展遇到的挑战仍需要通过国家层面的战略来解决。因此，实施乡村振兴战略的脚步还远不能停下，关键是解决目前制约我国农业农村发展的几个主要问题，具体分析如下。

一、产业内部结构问题

（一）种、养殖结构欠合理

首先，我国农业产业的内部结构不甚合理，且供给精准度有待提高，无法完全适配于市场经济的实际需要，在某些年景可能会出现卖粮难、卖菜难的问题，而现在传统农业仍占据主要地位，这可能会无法满足人们日益多元化、精细化的农业产品服务需求，生态农业、绿色农业、特色农业等创新型农业产业的发展水平仍有待提高。

其次，我国农业产业的质量仍有待提升，我国农业企业规模普遍较小，大多数仅停留在农产品的初加工阶段，农畜产品的深加工、精加工能力有待提高，农业产业链条短，自动化、机械化、集约化以及规模化生产没有达到一定规模，并且没有得到全方位普及，数字化信息技术的使用范围有待扩大，因此无法提高农业产业的附加值，高质量、高端精品农产品数量较少。由于农村的冷链物流技术不够发达，存在农产品滞销问题，无法进一步打开对外市场。

（二）农业资源利用率有待提高

目前我国传统的农业生产经营模式向现代化转型的进程缓慢，传统生产模式下，农药、化肥等农资的大量使用导致土壤、水质污染，资源使用效率也有待提高。另外，我国部分地区的农业用水仍使用大水漫灌农田的方式，这种灌溉方式是对水资源的浪费。此外，部分地区存在农业节水设施不配套、灌溉取用水管理不到位、用水浪费等现象，而造成这些现象的主要原因包括以下四个方面。

一是土壤肥力的差异。我国耕地多以中低产田为主，并且占耕地总量的70%以上，耕地质量等级起步基础较差。

二是种植制度的差异。我国土地等资源的利用强度很大，基本不休耕，甚至一年两熟、多熟，可以说，对土壤有机质的消耗很大，加上对耕地地力的保护力度不够，导致耕地质量等级提升缓慢。

三是作物产量水平的差异。基于我国人多地少的基本国情，农民基本上选择增加农业消耗品的投入来提高单产水平，产量提高20%～30%的同时，化肥、农药、水资源等的投入却提高了50%～70%。

四是机械化程度的差异。我国部分地区的农田耕层较浅，只有15～20厘米，不仅保水保肥能力有待提高，还容易造成农作物倒伏等问题，而且散小农户较多，机械持有率和利用率都有待提高。另外，在施肥方式上，我国部分地区存在表施、撒施等问题，高标准农田水肥一体化技术还没有做到大面积覆盖，利用播种机在播种的同时施加底肥的这种机械播种方式还没有完全普及。

2022年中央一号文件中明确指出推广玉米大豆带状复合种植，从而稳定玉米产量、提高大豆产量，然而能够满足行距要求的复合种植、播种、除草、收获的机械数量较少，而无论是改装现有农机具还是生产购买新的农机具，都会增加种植成本而降低广大落实种植任务的农户的经济效益，说到底这是农业机械化水平有待提高造成的。

二、生态环境治理问题

（一）乡村生态环境治理规划欠缺

长期以来，受各种条件的影响，乡村生态环境治理的总体规划仍不足。虽然我国乡村生态环境治理方面的政策在逐步增加，但离城市的标准还有一定距离，城乡资源和资金的差距仍有待缩小。随着乡村城镇化的不断推进，乡村环境问题也变得越来越棘手，因此更迫切地需要系统而有效的治理机制。

乡村生态环境治理规划的不足主要体现在两个方面：一方面，表现为任务执行压力较大、难度较大的问题。从目前的乡村生态环境治理体系仍不成熟的局面来看，乡村生态环境的监管工作依旧采取人力巡逻或居民自愿举报的方式，但是此方式过于分散分布，对针对性地解决乡村生态环境治理问题来说是不够的，乡村中存在着熟人社会的固性思维，部分乡村居民无法做到积极配合。因此，在现有条件下，乡村生态环境治理的执行效果无法得到提高。此外，对很多乡镇企业来说，其生产技术没有及时更新且存在相对滞后性，在使用污水处理系统等方面缺乏科学成熟的系列条例支持，同时随着改进力度的不断加大，一些污染严重的企业被迫关闭或暂停，而配备完善的环保体系的企业将会有巨大的支出，会影响其经营利润，所以部分乡镇企业选择通过其他方式来避免整改环节等，这无疑又增加了治理的压力。从乡村居民的角度来看，他们对法律规范的认识有待提高，所以这些现实情况又进一步加大了治理的难度。另一方面，越来越多的新型乡村劳动力不愿意留在乡村，导致全国乡村生态环境治理缺乏专业的治理人员，进而导致乡村生态环境治理的速度相对来说较为缓慢。因此，在新时代乡村生态环境的治理过程中引进专业的、高素质的乡村生态环境治理人才也是非常重要的一项工作任务。

（二）乡村生态环境治理资源不足

乡村生态环境治理是需要一定的经济基础的，需要加强在各项环保基础设施方面的投资，创建多种筹集资金的方式，解决好治理资源的问题，才能切实提升乡村的环境质量。

1.环保基础设施有待完备

近年来，虽然国家已经在不断地加大对乡村的生产基础设施的投资，但仍不能很好地满足乡村产业的各种发展需要。例如，不少乡村虽然已经建立了垃圾处理中转站，但其在具体落实时仍然出现中转站离部分农户家较远、垃圾处理类别不清楚以及部分垃圾桶被破坏但没有及时补充等问题，并出现环卫人才不足和环卫工具效率有待提高、种类少等问题，这也间接造成乡村生态环境治理事业缺乏足够的力量和效果。另外，污水处理制度虽已形成，但由于其减污的质量、速度均有待提高，部分农民不愿浪费时间和精力对污水进行集中处理。

2. 资金筹集方式单一

这一直是乡村公共基础设施建设面临的关键问题，但目前的问题不再是未投入资金，而是资金的使用不到位。例如，由于农业科技研发经费不足，相关的科研仪器设备无法更新，一旦科研的强度不够，就无法产出良好的科技成果。部分乡村的电网水平有待提高，无法和城市一样错峰用电或者使用清洁能源，不能适应多样的农产品的加工或者大型乡村旅游项目。由于乡村电子商务新兴产业的蓬勃发展，对电网的需求逐步稳定提升。乡村生态环境治理是一个需要社会各界积极参与的工作，必须投入大量的人力、物力和财力，但有一个突出的劣势是其投入的效果慢、时间长，特别是在乡村生态环境治理的工作中，投资者的收益速度相对较慢，在这种情况下，市场体系无法有效发挥其作用。目前，全国许多地区的乡村生态环境保护工作正在稳步推进，出台了许多相关政策和措施，总结了大量的实地考察和实践经验。但在实际的乡村生态环境治理工作过程中，资金来源方式相对单一，如多数资金来源仍为政府统一投资，导致乡村生态环境治理的政策未能达到预期效果，加大了乡村生态环境治理工作的难度，导致乡村生态环境治理工作难以开展。

（三）乡村生态环境治理意识薄弱

乡村生态环境治理工作需要发挥各方主体之间的协同作用，但是我国乡村居民目前的整体生活质量与城市相比还不够高，尤其是一些农民的环保意识有待提高，环境污染治理的措施只停留在意识层面，且乡村居民对各种环境保护的政策及法律法规的了解程度有待提高。还有部分乡镇企业的环境保护意识有待提高，因其依旧盲目追求经济利益，治理意识淡薄。

1. 农民环保意识有待提高

对农民来说，收成永远是最关心的问题。收成主要体现在农作物产量和价格上，而价格又是由市场决定的，所以农民能做的就是努力提高单产。为了提高单产，农民可能采取施肥、打药等措施，这些化学品被施加到土壤里，就会对原有的生态平衡造成破坏，土壤板结、盐渍化，农药包装废弃物乱扔乱丢无法回收，农用地膜残留造成面源污染，耕地地力下降等问题就会随之而来，这也是造成农村生态环境问题的重要原因之一。

目前农民的整体环保意识距离主动积极参与环保、能够考虑到收入可持续性这个层面还有一定的差距，使所有农民认识到环境保护与经济收入同等重要仍然任重而道远。

2. 企业的环境责任感较弱

乡村的工业化发展主要依托的是乡镇企业，而乡镇企业在高速发展的同时却也给本地的乡村生态环境带来了一定损害，使其成为影响乡村生态环境治理工作的重要因素。就乡村集体企业的分布来说，很多都十分分散，还有一些乡村集体企业是小型作坊式，由于其地理区域偏僻，政府部门以及乡镇基层组织对其疏于监督管理，部分乡村集体企业的污水、废气排放量高于标准，给乡村带来了一定的环境污染。

此外，部分小型乡镇企业由于追求经营效率，环保意识较淡薄，并且法律法规对城乡集体企业的管束力度有待加大，往往通过交纳罚金的方式进行处罚，导致部分企业不重视环保。

3. 基层干部组织管护不力

目前，中国乡村的整体发展水平有待进一步提升。部分基层干部仍然不能完全形成合理的科学思维，也没有从根本上解决乡村经济社会发展和城市生态建设与环保之间的关系问题，还是坚持过去的思维模式，而且缺乏科学规划，采取"等、靠、要"的方式，获取政府的资金与物质支持，导致乡村的生态环境治理资金不足。同时，由于乡村工作的特殊性与复杂性，部分基层干部在乡村生态环境治理方面往往采用上有政策、下有对策的方式来应付考核，缺乏实干精神，也使得乡村生态环境治理缺乏控制力。

（四）乡村生态环境治理方式受限

乡村生态环境的治理方式长期以来受到统一下发安排形式的限制，出现了乡村生态环境治理的具体实际操作过程与预期出现偏差的问题，且治理的效果不尽人意。"自上而下"的政策制定使乡村生态环境治理主要采取"政府主导"的方式。但农民才是乡村生态环境治理最重要的受益者，而政府则应该是所有乡村生态环境治理项目的直接执行者，乡村生态环境治理的合理性和可操作性与每个农民都密切相关。但是目前有部分村委会成员很少和农民商量，也很少征求他们的意见。一方面，限制了农民对需要改变的事情所拥有的绝对发言权，不考虑他们的参与度，降低了方案的适用性和科学性；另一方面，还会影响农民对乡村生态环境治理事业的参与意识和信任感。

三、城乡发展不平衡问题

（一）城乡二元结构问题

城市人口和乡村人口的收入差距逐年扩大，导致城市和乡村富裕程度两极分化，并且在以前的发展过程中对城市发展的投入和倾斜较多，导致城市与乡村在产业、基建、文化、资源等多方面不平衡，发展不协调。这对于社会的稳定和国家经济的健康发展是一个巨大的隐患，阻碍了我国全面建设社会主义现代化国家的进程。

我国实施改革开放后的主要发展理念是让一部分人先富起来，带动大部分地区，然后达到共同富裕。目前我国的超一线城市的发展水平已经很高，国内生产总值（GDP）甚至超过了很多国际大都市，教育医疗设施先进，文化娱乐场所丰富，人口密集，生产力旺盛，而对比之下在部分边远地区的农村，部分农户依靠着国家的补贴政策才能达到温饱水平。而农民阶层和其他阶层的收入差距如果不断被拉大，社会阶层分化问题可能会更加凸显，所以说城乡二元结构问题是在实施乡村振兴战略过程中存在的棘手问题。

（二）农业产业链条较短

当前，我国经过多年的努力，农业的发展已经取得了长足的进步，行业门类较为齐全、品种丰富、供给较为充裕，但是产业链条短、核心竞争力有待提高等问题还比较突出。部分农民停留在销售农产品的最原始阶段，没有经过任何系统的精深加工，产业链条天生较短，附加利润价值较低，经济效益欠佳。此外，农业经济主要以农户种植农产品为主，由于每个农户的农田面积有限，以及农药、化肥、种子、农机、水电费、松翻土地等农资、人工成本，再加上极端天气、病虫危害等不确定性因素，农产品的产出效率也无法稳定，并且可供市场流通的农产品规模不算很大，大多数农产品又处于未加工的原始形态，没有新颖的营销方式和精深加工的能力，导致农业产品经济效益相对较低。

四、农业经济模式问题

（一）农业经济规模分散

目前，我国部分农村地区的发展模式仍然是小农经济，耕地面积小，规模化标准化程度有待提高，农业机械相对落后且使用效率较低，个体农户耕作收益有待提高，而且个体农户能够获得的有效市场信息较少或不及时，把握不准市场行情，容易错过最佳销售时机，导致辛辛苦苦耕种收获的农作物卖不上好价钱。这反映出我国新型农业经营主体的发展有待完善，相关制度和体系有待健全，合作经济模式仍然未被广泛认可和应用。

此外，分散的农业经营模式缺乏科学正确的农业技术指导，农户在选择品种、化肥以及针对病虫害选择有效的药剂、预防灾害等方面存在劣势，耕种收技术达不到标准，抵御风险的能力就相对较弱，租用农机和人工等成本也会增加，导致整个农业产业效益较低。

（二）一、二、三产业融合度有待提高

目前我国农村一、二、三产业融合虽然取得一定的成效，但在发展的过程中还存在一定问题。例如，关于用地问题，非农业用地资源紧张，需求量很大，如果要将农业用地转为工业用地或者建设用地，审批手续非常麻烦、耗时，且费用很高；关于融资难度大的问题，在较为集中甚至贫穷的农村地区，当地财政资金也会相应紧张，在招商引资方面相比于大城市以及规划重点发展的城市劣势明显，产业的发展离不开资金的支持，加之配套政策制度等有待健全，导致融资无法满足需求。除此之外，部分农村缺少天然的资源优势，农村基础设施较为简陋，服务保障设施也不尽完善，教育、医疗、卫生和文化娱乐等方面的条件难以满足需求，导致无法开展产业融合项目。因此，并不是所有农村地区都有条件、有能力、有资本将一、二、三产业融合发展。

五、农民精神贫困问题

我国脱贫攻坚战已经取得全面胜利，贫困群众的精神世界在脱贫攻坚中得到充实和升华，信心更坚、脑子更活、心气更足，发生了从内而外的深刻改变。但不可否认的是，由于部分基层干部对精神脱贫认识不足、重视不够、措施不力，更由于精神贫困的动态性和长期性，我国虽然实现了物质脱贫，消除了绝对贫困，但精神脱贫还没有完全实现。在乡村振兴时期，农民精神贫困问题包括以下几个方面。

（一）轻视教育的现象依然存在

轻视教育既是导致农民精神贫困的原因，也是农民精神贫困的现象之一。缺乏对教育的重视，是农村地区相对贫困人口存在的问题之一。毫不夸张地说，教育决定着一个国家的未来发展方向，是国之根本。

农村是国家振兴的基础，因此，我国一直重视农村的教育问题，特别是全面脱贫攻坚取得胜利以来，农村的办学条件、师资力量都相应地有所提升。但无论

是办学条件还是师资力量的提升，都是提高教育质量的外因。而教育的成功与否，往往取决于内因，也就是农民自身。某些农村家长存在着重利益、轻情感的思想，忽视对孩子思想、价值观、道德等方面的教育，并且部分父母没有给孩子树立学习的榜样。这些状况使农村学校教育的效果不能得到有效巩固。

（二）农民身份认同感低

高度的身份认同感可以给人带来无穷的精神力量和信心，而身份认同感不足的人很难获得做事的信心和力量。而农村相对贫困群体普遍缺乏对农民身份感的高度认可，再加上有限认知和封闭文化的影响，以至于他们在面对新事物、新挑战时没有足够的信心，很难适应现代化社会。

农村贫困群体身份认同感低的主要原因是社会刻板印象和自我污名化。社会刻板印象就是农民在社会交往中被社会大众认可度低的形象，而自我污名化就是农民认可了社会上对自身的偏见认知，使农民容易形成自我怀疑、自我否定的心理特征，这种心理特征进一步加深了农民对自己弱势身份的认知，不利于农民形成全力以赴的拼搏心态，从而影响了农民的行为。

六、其他问题

（一）本土化观念缺乏

近年来，在乡村振兴大背景下，乡村发展从建筑改造到旅游开发，再到城市与农村的合作生态，都呈现出一定的社会性变革倾向。

在乡村振兴的进程中存在照抄别国规划案例的情况，忽略了不同地区之间在地理环境、人文风情等多方面的差异，这种行为难免会造成"消化不良"的后果。因此，各地区在积极响应乡村振兴战略时，更应该注意结合乡村当地独特的自然资源、文化资源、产业资源等，因地制宜地创造出适合本地发展的、具有当地特色的乡村发展模式。

（二）农村空心化现象较突出

由于我国计划生育政策的调整和变化等诸多因素的影响，我国社会正在进入老龄化阶段。而对人口流失严重的农村来说，老龄化速度则更快，表现更突出。城市的蓬勃发展为年轻人提供了大量的就业机会，许多农民家庭的年轻人大量涌入城市，而留在农村的父辈逐渐老去，逐渐丧失劳动能力，对于一些必要的力气活已经力不从心。这种现象将会导致农村的产业难以开展、政策无人实施、扶持无从发力。农村的父辈接受文化教育的条件有限，对于现代化的信息技术甚至一窍不通。农村的整体资源始终保持净流出状态，再加上大量年轻劳动力的背井离乡，农村的发展单靠中老年农民的力量实在难以支撑。而农村空心化、老龄化本身也属于社会问题，可能会引发新的社会矛盾甚至不稳定因素，农村本身无法变成吸引人们返乡的"梧桐树"问题亟待解决。

（三）机械化水平有待提高导致成本上升

在我国的一些农业大市，也很难做到农业生产的全程机械化，部分地区的农业机械化总动力不足，农机科技水平有待提高，农机企业水平良莠不齐，导致我国主要农产品的产出成本较高。

另外，农机方面的专业人才短缺也是目前机械化水平有待提高的原因之一，专业农机手和修理工数量较少，农业机械化程度不足，相关的技术培训和推广宣传不到位。此外，农机价格较高，一般农户难以承担购买大型农机具的支出，一些特殊品种或者有特殊要求的作物种植对农机具的需求也不相同，导致农户不得不增加种植成本。另外，国产农机产品的质量有待提高，这也导致农业整体生产效率的降低和农民收入的减少。

第四章　新时代乡村振兴战略的发展愿景

新时代乡村振兴战略背景下，产业兴旺是乡村振兴战略的重点，生态宜居是乡村振兴战略的关键，生活富裕是乡村振兴战略的根本，乡风文明是乡村振兴战略的保障。本章分为产业兴旺、生态宜居、生活富裕、乡风文明四部分。

第一节　产业兴旺

一、产业兴旺的内涵

（一）产业兴旺的关键

乡村产业作为国民经济体系建设与发展的基础产业，要想继续全面推进乡村振兴，必须走乡村产业兴旺发展的道路。乡村产业根植于乡村，依托于广大农村资源，不应发展千篇一律的产业，也不应效仿城市发展工业，而是要明确不同地域和不同资源禀赋的优势，因地制宜。

（二）产业兴旺的难点

乡村产业发展难，难在既要与广大人民有紧密的利益联结，也要承载独有的乡村价值，并保持高度活跃的创新能力。以"农业增效、农民增收、农村发展"为目标，让乡村发展从"输血"模式转向"造血"模式，持续促进农民增收和乡村产业发展，并打造完善的农业全产业链。

（三）产业兴旺的目标

乡村产业不能局限于农业，要准确把握产业兴旺与生产性服务业的关系，着眼于通过生产性服务业促进乡村一、二、三产业融合发展，培育新型农业主体，形成功能多样、业态丰富、质量取胜的现代化乡村产业。

要想实现产业兴旺，必须因地制宜地发展乡村产业，既要促进乡村的经济发展，也要保护乡村的生态文明，并实现乡村一、二、三产业的融合发展。这是新时代我国提出继续全面推进乡村振兴的首要任务，也是新时代对乡村产业高质量发展提出的更高要求。

二、产业兴旺的现实路径

（一）加快产业结构调整，着力发展特色产业

首先，要解决好产业链的问题，满足消费者的多元化需求，带动乡村一、二、三产业融合发展。要把推进产业兴旺作为"牛鼻子"，用心用力，紧抓不放，以产业兴旺带动乡村振兴。乡村产业融合发展是乡村振兴和农业农村现代化发展的必经之路，在融合发展的过程中，要注重取长补短，优势互补，实现三产相互包含、相互渗透。

其次，着力发展特色产业，挖掘文化资源，这在很大程度上有助于促进乡村产业兴旺。文化资源的价值不仅体现在物质方面，更表现在精神层面。应将红色文化资源与新的时代特点密切衔接起来，用新形式传承文化资源，使其完美渗透到乡村产业发展中。

最后，深入挖掘乡村的旅游资源，构建特色的乡村旅游业，以特色产业带动旅游业，以旅游业振兴特色产业，二者相辅相成，形成合力，如此方能促进乡村产业结构调整，实现产业兴旺。

（二）加强技术创新，引进专业人才

首先，加大人才培养、引进工作力度，重视对农林、农业等方面的高技能人才的培养，加强农业类院校同农村的合作联系，从高校中选拔一批优秀的专技人才充实人才队伍，并建立激励制度，吸引广大学生、高素质人才深入农村，发挥广大农业类人才的专业性与积极性，为农村产业发展提供新思路、新路径。

其次，自觉树立学习意识，牢固树立学习是发展的源动力的理念，在乡村振兴战略的背景下，学习全国各个农村地区的发展方法，相互示范、共同提高。

最后，加强对乡村群众的高新技术培训，让"农业课堂"走进农村，为广大村民普及生态环境、资源保护知识，提高其可持续发展意识，与此同时，提高其主体意识，增强其推动乡村产业兴旺发展的积极性、主动性、创造性。

第二节 生态宜居

一、生态宜居的内涵

在现代乡村建设中,生态宜居是指农村生态环境安全友好、生活环境整洁优美、村民生活舒适便捷。要想使乡村具备生态宜居性,就必须同时满足软环境和硬环境中的相应配套设施要求。其中,硬件设施包括房屋、道路、给排水、电力、燃气等农村民生设施;软件设施主要体现在乡村的规划布局、村容村貌、文化传承等方面。生态宜居包含村庄与自然环境的耦合性和村庄高标准的可居住性,二者具有辩证的联系,不是割裂存在的。生态又包含自然生态和人文生态两种类型。自然生态与民居的能耗、可持续发展相关,而人文生态是指在特定文化影响下人的生活习性。宜居是指环境适合人居住。生态是宜居的根本,是宏观方面的要求,是实现宜居的重要基础。而宜居是生态的进一步深化,是中观层面的生活需求。宜居要保证配备基本的配套设施,以达到居民的居住要求,还需要在生活空间的功能、尺度、温度等各方面达到适宜居住的目标。所以,宜居离不开生态的支持,不依靠生态是无法实现宜居的。

二、生态宜居的理论基础

(一)人类聚居学理论

人类聚居学是希腊建筑规划学家道萨迪亚斯(Constantinos Apostolos Doxiadis)提出的,他将人类聚居的环境看成一个整体,将人、社会、自然界、建筑物、联系网络看成组成人类聚居的五个要素。人类聚居主要是指包括乡村、集镇、城市等在内的人类生活环境,人类聚居学主要研究上述五个要素以及它们之间的相互关系。

(二)人居环境科学理论

中国建筑学家吴良镛先生提出人居环境包含五个系统和五个层次。五大系统包括自然系统、人类系统、居住系统、社会系统和支撑系统。其中,自然系统侧重自然机制的原理及应用;人类系统侧重人的物质需求和心理需求的双重机制;居住系统是指人们居住的住宅社区等物质环境;社会系统主要指公共管理、社会关系以及文化、经济等;支撑系统主要是指公共服务设施以及基础的配套设施建设。五大层次是根据人居环境的范围划分而来的，分为全球层次、国家和区域层次、城市层次、社区层次和建筑层次。其目的是了解和掌握基于人类发展的客观规律，希望营建更好的人类理想的居住环境。

（三）马斯洛需求层次理论

从社会发展的初期开始，乡村的发展就与人类的发展息息相关，更与人们发展进程中的相关需求联系紧密。人类的各种需求在一定程度上决定了乡村的形态特征发展，可以引导乡村的发展走向，乡村的发展进一步承接并延伸着人的需求，两者共同发展、互携共生。1943年，美国社会心理学家亚伯拉罕·马斯洛（Abraham H. Maslow）在《人类动机理论》一书中提出，人的需求分为五个不同的层次，包括生理需求、安全需求、社会需求、尊重需求和自我实现需求，这些需求由较低层次到较高层次排列。其中，生理需求是最低保障，自我实现是最高追求。当某一层次的人的需求被满足时，就会追求更高层次的需求，一步一步地上升，成为持续努力的内在动力。如今，随着社会的发展，人们对住宅的需求也从单纯的满足生理需求、安全需求，逐渐向社会需求、尊重需求、自我实现需求等方向发展。

（四）可持续发展理论

20世纪80年代末期，挪威首相格罗·哈莱姆·布伦特兰（Gro Harlem Brundtland）在第八次世界环境与发展委员会上所做的报告《我们共同的未来》中第一次提出了可持续发展战略。该战略的核心内容就是不仅要满足当前的发展需求，还要满足以后的发展需求。可持续发展是一个综合性的概念范畴，其内涵包括生态发展、经济发展和社会发展三方面的内容，三者相互作用、相互影响，共同对人类社会产生影响。在我国实施可持续发展战略的进程中，强调以人为本，增强经济发展动力，与此同时，也要与自然环境的可承受程度相适应。将可持续发展战略与经济发展、自然资源、社会发展、自然环境、人口增长等因素相协调，使其保质保量地实施，满足当下需求，并且造福后代子孙。在推动经济快速发展的同时，也必须保护生态环境。

三、生态宜居相关规范标准

（一）《乡村振兴战略规划（2018—2022年）》中的生态宜居相关标准

根据对生态宜居内涵的剖析，在《乡村振兴战略规划（2018—2022年）》

中提炼总结出涉及生态宜居的相关内容，大致包括以下五个方面。

1. 生态保护

推进对乡村的山、林和水域的综合环境整治，扩大退耕还林的范围，完善乡村生态环境保护体系。加快乡村生态环境修复步伐，开展风险评估、监测预警和综合防控等保障工作。

完善天然林和公益林保护制度，荒漠生态保护制度，自然保护区、风景名胜区、地质遗迹等地区保护制度，全面推行河长制、湖长制，进一步细化各类各项管控措施和经验制度。

加快推进"绿水青山就是金山银山"的理念落实，充分结合当地的土地资源、水资源以及矿物资源等自然资源，大力发展生态培育、生态养殖以及文化旅游等相关产业，搭建乡村绿色产业平台基地。鼓励各类社会主体参与生态保护修复，积极引导当地群众投入生态管护与维护运行的相关工作。进一步加强乡村生态环境建设，完善生态补偿机制，加大对生态保护建设的资金投入力度。

2. 产业兴旺

加快推进乡村第一产业、第二产业和第三产业交叉融合，促进乡村产业结构不断优化发展，打造乡村产业发展新模式。根据当地实际条件，开展旅游观光、文化体验等特色项目，推动乡村资源全域化整合、多元化发展。支持农产品生产加工产业高质量发展，增加乡村生态产品和服务供给，实现农产品多层次、多环节转化增值。

鼓励村民以土地、林权、资金、劳动、技术、产品为纽带，通过承包、租赁、股份制等形式，与行业协会或龙头企业合作销售，强化行业协会或龙头企业联农带农激励机制，创新收益分享模式。加快推广"企业推广＋村民直销＋订单分红""土地承包＋农民经营＋共同营销""入股合作＋利润分配"等多种农商合作模式。

3. 人居环境宜居

坚持以生态宜居为导向，以乡村垃圾治理、污水治理和村容村貌提升为重点，全面提升乡村人居环境质量。实施垃圾就地分类和资源化利用，建立垃圾回收处理运输一体化管理机制，推行"厕所革命"，推进厕所粪污无害化处理和资源化利用。开展乡村环境综合整治行动，梯次推进乡村污水治理，推动城镇污水管网向周边村庄延伸覆盖。编制实用性村庄规划方案，建立长效管护机制，并完善乡村人居环境标准体系。

4. 人文环境舒适

不断加强乡村精神文明建设，提升村民精神风貌。建设生态环境优美、居住空间舒适宜人的特色乡村。深入挖掘乡村特色文化符号，并融入乡村建设，重现原生态田园风光和原本乡情乡愁。建立健全村民反馈体系，对村民的文化需求进行及时高效的反馈，促进乡村人文环境质量的稳步提升。

5. 基础设施齐全

突出乡村基础建设的重要性，不断增加资金投入，尽快完善乡村的基础设施建设，保障乡村居民的基本生活环境。鼓励城区公交路线向郊区扩展，完善乡村公共交通设施，保障居民的基本出行。优化乡村地区能源结构，推动太阳能、地热能、生物质能等再生能源的利用。实施乡村数字化发展战略，加快乡村网络基础设施建设，促进乡村生产生活与互联网、人工智能、自动化等现代科学技术全面结合。

（二）《农村人居环境整治提升五年行动方案（2021—2025 年）》

改善农村人居环境是实施乡村振兴战略的重点任务。《农村人居环境整治提升五年行动方案（2021—2025 年）》中主要在自然环境、村容村貌、政府管制和村民参与四个方面做出了相关规定。

1. 自然环境方面

要求加快推进农村旱厕"入室化"。结合乡村现实状况，合理化选择厕改模式，宜水则水、宜旱则旱，切实提高厕改质量。以可持续发展为导向，选择适用于当地的污水处理技术，加快推进乡村废水资源化利用和可持续治理，提高资源利用率。加强对乡村垃圾的管理，加快推进农村生活垃圾分类减量与利用，完善乡村垃圾回收处理体制，推行垃圾就地分类和资源化利用，建立垃圾回收处理运输一体化管理机制。

2. 村容村貌方面

要求改善村庄公共环境，彻底清除乱搭乱建、违规扩建等相关设施。集约利用乡村闲置土地，提高土地利用率，拓展乡村公共用地。推进乡村绿化美化，深入实施乡村绿化美化行动，引导鼓励村民在闲置土地上通过栽植果蔬、花木等开展庭院绿化。加强乡村风貌引导，改善乡村生产生活环境，使村落形态与自然环境、传统文化相辅相成，凸显地域特色。

3.政府管制方面

要求推进相关制度与体系建设,加大人居环境建设政策支持力度,加大乡村人居环境整治资金投入,创新完善相关支持政策。加强乡村相关基础设施建设,大力宣传人居环境建设的重要性,提升村民维护乡村人居环境的意识。

4.村民参与方面

要求充分发挥农民主体作用,坚持问需于民,保障村民的知情权、参与权、表达权、监督权。充分尊重村民意愿,体现乡村环境建设的初心是"为民而建、以人为本"。通过转变村民陈旧的思想理念,强化村民的主人翁意识,从而在根本上改善乡村的人居环境。

第三节 生活富裕

一、生活富裕的相关概念

(一)生活富裕的内涵

"富裕"一词,字面含义为经济宽裕,充裕丰富,第一次被宋代徐铉提及:"(彦卿)复掘地,获银数千两,遂至富裕云。"在当时的人们看来,收入或财富的增加就能代表一个人生活富裕。日本经济学家速水佑次郎(Yujiro Hayami)教授在《发展经济学:从贫困到富裕》中指出,达到最大化的社会生产率即是富裕。《柯林斯高级英语词典》中对"生活富裕"的解释为"吃得很好,过着奢侈的生活"。可见,生活富裕代表着生活水平上的一种优越状态。

对生活富裕的研究,在不同的历史时期有着不同的研究结论。在早期社会,收入是影响人们生活富裕的主要因素。收入的高低与生活富裕程度呈正相关关系,更多的收入意味着人们可以购买更多的生活资料和生产资料。由于当时人们的娱乐活动较为匮乏,生活资料的多寡直接决定了人们的生活水平,生产资料的充足则能为他们提高收入,对生活水平起到一定的稳定作用。在不考虑社会动乱、天灾人祸等情况下,人们的收入越高,生活越富裕。因此,可以将生活富裕理解为一种理想的生活状态,代表人们拥有一定的收入或财富,能够过上富足的生活。

（二）生活富裕的外延

生活富裕不仅是乡村振兴战略的总要求之一，同样对实现全社会共同富裕有着重要作用。随着社会生产力的不断发展以及城镇化步伐的不断加快，人们对美好生活和生活富裕的追求也随之加强。生活富裕作为提高人民生活水平的最终目的，在解决人民群众的贫困问题之后，还需要在小康等多个阶段进行过渡。为研究乡村振兴战略的实施情况，不少学者通过选取相应的评价指标，建立乡村振兴战略评价指标体系来判断各项政策是否得到了有效实施，农民生活是否得到了有效改善。在农村居民生活富裕程度衡量指标中，由于我国农村发展相对落后，家庭资产多用于生活和生产资料的购买，不少学者将农村居民恩格尔系数作为反映农村居民生活富裕程度的核心关键指标。还有学者指出，只有降低农村居民恩格尔系数，缩小城乡收入差距，提高农民人均可支配收入，才能为实现生活富裕奠定物质基础。

笔者通过对国内外相关文献的查阅，发现对于生活富裕的标准尚未有明确的界定，相关学者在进行分析时，也仅仅是提出了生活富裕的分析指标。因此，可以将生活富裕理解为农民物质生活水平的一种理想状态，在达到这一理想状态之前，还需要度过贫困、温饱、小康这几个阶段。

二、生活富裕的相关理论

（一）贫困理论

在国外，人们对贫困发生的原因研究得较早。英国政治经济学家托马斯·罗伯特·马尔萨斯（Thomas Robert Malthus）认为，人口的过度增长导致了贫困。英国经济学家亚当·斯密（Adam Smith）则认为土地私有和资本积累导致了劳动者收入过低。进入20世纪，对贫困理论的研究主要基于发展经济学的视角，其中具有代表性的是美国经济学家罗格纳·纳克斯（Ragnar Nurkse）提出的贫困恶性循环理论，这一理论指出贫困的根源在于资本形成不足。联合国计划开发署指出，生产和发展能力的不足是导致贫困的主要原因。印度经济学家阿马蒂亚·森（Amartya Sen）根据法国经济学家勒内·勒努瓦（Rene Lenoir）提出的社会排斥理论进一步指出社会排斥导致的长期贫困状态会存在代际传递。

国内学者如著名社会学家陆学艺指出，对于中国农村存在的区域性贫困问题，需要从制度结构着手。在农村地区，由于地理位置、资源匮乏等形成了长期贫困。在这种背景下，国家给予了很多补贴，但低收入群体反而形成了不健康的"等、靠、要"贫困心理文化，部分人只看到短期有补贴，不愿意出门工作，农村产业结构单一，这同样造成了农村的贫困。

（二）农业绿色发展理论

农业作为社会发展的基础，其可持续发展的概念得到了广泛重视。21世纪以来，尽管科技在进步，但是在全球贫困地区，农业发展仍然面临着巨大问题，包括粮食数量和质量。随着人们生活水平的提高，人们对幸福生活的追求不只在于吃饱穿暖，还在于对美好生活环境的向往，农业可持续发展逐渐向农业绿色发展演变。

与可持续发展相比，绿色发展强调通过利用新技术和新模式，不仅要节约资源，而且要更高效地发展，并进一步通过发展保护农村环境。"绿水青山就是金山银山"这句话有两层含义：一层含义是"绿树青山"能给村民带来的身心愉悦的精神感受不亚于物质带来的快乐；另一层含义是"绿树青山"能够更多地吸引外来者，提升农村的价值。因此，对农民富裕程度的分析不仅要涉及经济、社会等方面，还要考虑自然环境因素。只有这三个方面相互促进、共同发展，才能真正让农民生活富裕。因此，农业绿色发展理论是研究农民生活富裕的另一个基本理论。

第四节　乡风文明

一、乡风文明的相关概念

（一）乡风

"乡风"一词在中国诗词中早有出现，如"亦欲举乡风，独唱无人和"和"万民乡风，旦暮利之"分别出自《馈岁》和《管子·版法》。在中国诗词中，乡风指某种风气、风俗和趋从教化。随着社会的发展，"乡风"一词的内涵也在不断丰富完善，当前诸多学者对乡风的概念进行了界定。因此，笔者在借鉴前人对乡风的研究成果的基础上，结合国家近年来出台的《乡村振兴战略规划（2018—2022年）》《中华人民共和国乡村振兴促进法》及党的十八大以来历年的中央一号文件，对乡风概念做出如下界定。

所谓乡风，是指乡村的整体风气，我们可以将乡村的风气理解为乡村人民在社会劳动和交往实践中形成的本土性的风土人情、习俗风气，还可以将乡风理解为特定地域内乡村劳动人民在社会劳动实践中形成的价值观念、生活方式和风尚习惯的总和，其是一种具有稳定地域环境、独特历史文化和生活生产方式的地域性乡村文化，能够反映乡村这一特定地域内劳动人民的整体精神风貌和社会风气，是直接反映乡村文明程度的重要标志。

（二）乡风文明

国家政策中首次出现"乡风文明"一词，是在《中华人民共和国国民经济和社会发展第十一个五年规划纲要》中，随后很多学者对乡风文明的概念界定、乡风文明建设的路径等进行了研究，笔者在对这些文献资料进行梳理和研究的基础上，结合党的十六届五中全会以来，国家出台的相关文化政策，对乡风文明概念做出如下界定。

所谓乡风文明，是指乡村人民群众在文化、思想、道德、素质等方面达到某种标准，自觉遵守乡村行为规则、崇尚文明科学，乡村科教文卫事业发展较好，乡村在整体层面的发展达到某种文明程度。

（三）乡风文明建设

从乡风文明建设的内容来看，其涉及乡村文化、移风易俗、人居环境、乡村治理等内容，新时代背景下在实施乡村振兴战略中加强乡风文明建设是一项符合社会主义发展方向和符合社会发展规律的实践活动。从近年来国家出台的乡村振兴战略系列文件政策和加强乡村文明建设的文件来看，乡风文明建设是指乡村发展实践中通过文明建设、建立村规民约、党的理论政策宣传教育、法治建设、道德建设等系列活动，引导农民摒弃不良习惯和陈规陋习，崇尚新的生产生活方式，从整体层面改善农民的精神面貌，形成科学、文明、健康的乡村新风尚。

为更好地理解乡风文明建设的概念和内涵，我们还可以将其与乡村文化的概念进行对比。所谓乡村文化，是指乡村人民在一定的社会经济基础上，在社会劳动实践中创造和生产的精神财富，其表现为民俗乡风、家风家训等内容，其目的是满足农民的精神需求，反映了乡村人民的处事原则、思想认识水平和乡村发展的文明程度。乡村文化是与城市文化相对应的一个概念，乡村文化是城市文化、中国文化的根脉，具有广泛的群众基础和较强的软实力作用。

通过对比不难发现，乡村文化是反映乡风文明程度的要素之一，还是乡风文明建设的重要内容。此外，在理解乡风文明概念和内涵的同时，还要将乡风文明与新时代的新要求结合起来,将时代精神和民族精神融入乡风文明的标准,这样才能全面地理解乡风文化的概念和内涵。

二、乡风文明建设的基本特点

乡风文明建设具有时代性特征,需要教育先行、有序引导,它的侧重点落在"文明"二字上,且乡风文明建设内容丰富,包含经济、政治、文化和道德等内容,因此具有多样性特征。

(一)继承性与创新性

目前,我国绝大部分地区的农村都焕然一新,当地的传统习俗和自然理念也在不断地更新变化,其中包括良好的乡风、淳朴的民风。虽然乡村有着深刻的变化,但是仍存在落后观念,我们不仅要取其精华,去其糟粕,将中华优秀传统文化继承创新,发扬光大,还要引进先进的外来文化,兼收并蓄,以此壮大发扬本民族的文化,不断地创新和发展。只有这样才能同新时代农村社会发展的需要相契合,更好地促进农民的全面发展和农村经济的繁荣,最终达到乡风文明的重建。

(二)多样性与地方性

我国地域广阔,地理环境复杂多样,各民族分布呈现"大杂居、小聚居"的局面,不同的地域拥有不同的文明,千村千面,没有两个村落的文明是整齐划一、固定不变的,因此多样性这一特点是显性的。同时,我国乡村乡风极具特色,各地的文化知识和技能、乡俗风情等都极具当地的风格和特色。

(三)主体性与实用性

乡风是广大农民群众在不断的生产生活实践中形成的。农村乡风文明建设的主体是农民群众,建设的载体以乡村社会实践为主。农民世世代代从事农业劳动和乡土生活所积淀下来的传统民俗文化,极具实用性,呈现了踏实肯干的艰苦品质和安土重迁的农家乐趣。自乡村振兴战略提出以来,农业农村的发展更具时代性和导向性,必须肯定在新时代农村新的发展模式下,农民群众作为主人主动参与到乡风文明建设中的积极性,要鼓励他们的积极勇敢。

(四)开放性与先进性

乡风文明建设在历史的变迁中具有了开放和包容的特征,同时也有与时俱进的特征,尤其是随着信息技术的传播和科学技术的迅猛发展,文化的迁移和传播速度越来越快，呈现出开放的局面。因此，乡风需要兼收并蓄，形成独特的具有中国特色的乡风文明模式。与此同时，乡风文明建设要紧跟新时代中国特色社会主义文化的前进方向，积极倡导树立健康的文明乡风，将政治、经济、文化、教育和生态等结合发展，解决好目前乡风文明建设中存在的问题。

三、乡风文明建设的基本原则

（一）要坚持党的领导

党的领导是做好农村工作的坚强保障。《中国共产党农村工作条例》指出，要坚持党对农村工作的全面领导。乡风文明建设是农村工作的重要方面，要坚定党的领导不动摇，这是最根本、最重要的原则。党对乡风文明建设起到把向定舵、总揽全局的作用，决定了乡风文明建设的方向和目标。

在当前，要进一步发挥党对乡风文明建设工作的组织领导作用，加大乡风文明建设投入，健全相关工作体制机制，解决制约乡风文明建设的瓶颈难题，为乡风文明建设提供坚强的政治保障。

（二）要坚持以农民为中心

乡风文明建设要树立农民至上的理念，发挥农民建设的主体作用，满足农民多样化的精神文化需求。要聚焦农民急难愁盼事，找准农民诉求共鸣点，划出最大同心圆，落细、落小、落实各项乡风文明建设的方针政策，提高农民群众的参与积极性；在充分尊重农民群众意愿的基础上，结合当地实际，逐步破除天价彩礼、盲目攀比、封建迷信等陈规陋习，大兴文明乡风，提高农村文明水平；在乡村治理上也要发挥农民主体作用，引导农民参与村庄自治，共同为建设美丽乡村出谋划策，依靠群众力量推进乡风文明建设走深走实。

（三）要坚持虚实结合

相较于物质文明建设，部分人认为乡风文明建设是一场务虚的工作，只是一个面子工程，没有什么现实意义。其实不然，乡风文明建设最忌流于形式，最怕沦为政绩工程。可以将乡风文明建设与物质文明建设相结合，实现"虚实结合"，甚至"虚功实做"，也可以通过丰富载体设计、加强阵地建设等方式实现乡风文明建设的可视化、项目化、成果化。例如，在实施乡村振兴战略的过程中，可以将乡风文明建设与农村环境整治、厕所革命、乡土文化传承及培育等方面紧密结合，通过城乡文化设施共建共享、强化资源政策倾斜，丰富农村公共文化和服务供给，精准满足农民的精神文化需求。如此，乡风文明建设有可以落地生根的实践载体，既见其"虚"，又见其"实"，可以减少乡风文明建设的表面文章，求得建设实效。

（四）要坚持因地制宜

乡风文明建设要在深入调研本地实际、尊重本地特色的基础上进行，切不可不切实际地铺摊子，避免"千村一面"式地照搬照抄，复制只会丧失村庄特色，浮躁会让村庄变得不伦不类，只有因地制宜、实事求是才能将乡风文明切实建设好。要摸清各村生态禀赋、地理地域、风俗习惯、社会人文等情况，根据其发展所处的阶段情况，从村庄的具体实际出发，在文化供给上融入乡土文化因素，因村施策、因人施策，挖掘乡村人文历史，唤醒文化资源在促进乡风文明建设方面的力量。例如，在少数民族村庄，可将当地的风俗习惯、民族特色等因素纳入村庄建设，挖掘其特有的历史文化内涵，因地制宜打造具有民族特色的乡风文明村。

（五）要创新活动载体

抓乡风文明建设要聚焦提升群众素质这一根本目标，提升群众参与乡风文明建设活动的积极性，要实现载体形式和创建内容的有机结合，从农村内部和外部两条线立体化开展乡风文明建设。

一方面，要向内聚力，在农村内部创建实践载体。开展各种形式的文明实践活动，引导农民积极参与文明户、文明村、文明家庭等创建活动，设立奖惩机制，从改变农民的日常生活习惯入手，提高农民的文明意识，改善农村的人居环境，不断提升农民的文明程度。

另一方面，要向外借力，吸引社会力量关心和支持农村。例如，各级政府部门开展的送文化下乡、组织农业培训等服务"三农"活动，要让服务接"地气"、活动贴民心，真正让农民得实惠、提素质、促增收。

四、乡风文明建设的基本内容

乡风文明并不是一蹴而就的，而是在历史的发展过程中不断发展和完善的，是人们的精神需求和物质需求得以满足的体现，我们也可以将其理解为一种健康、向上的精神风貌。乡风文明结构复杂，包含实体、制度与精神三个结构层面。从本质上讲，乡风文明属于中国特色社会主义文化建设范畴，是在全面建设社会主义现代化国家的背景下、在全面推进乡村振兴的过程中产生的，以新型农民为主体，通过采取一系列切实有效的措施来激发村民继承弘扬传统文化、发展现代文化事业的积极性，对传统乡村文化进行时代化、特色化改造，以保证和乡村振兴战略相匹配的一个系统化过程。

乡风文明与物质文明相对应，包含农村思想道德建设和农村文化建设两部分内容。乡风文明与农村物质文明不同，乡风文明从属于农村精神文明，也是中国特色社会主义精神文明的重要构成部分。乡风文明建设和农村物质文明建设相互作用、共生共荣。一方面，没有物质的极大丰富，就不可能有高度的精神文明。农村物质文明建设为乡风文明建设提供了物质基础，农村物质生活的丰富改变了农民的精神面貌，解放了农民的思想观念，极大地开拓了农民视野。另一方面，农村物质文明的发展对乡风文明建设提出了新要求、新任务。乡风文明建设助推农村物质文明的加速发展，为农村物质文明建设提供了精神源泉和价值引领。

把握乡风文明建设的内容，才能更有效率、更加精准地提升农村的乡风文明程度。乡风文明建设需要持续接力推进，其建设内容随时代的发展而不断更新。在新时代，乡风文明建设的基本内容主要有农民思想道德建设、农村文化生活建设、农村社会主义核心价值观建设、农村社会风气建设、农村优良家风建设、新型农民建设等。

（一）农民思想道德建设

农民思想道德建设是新时代乡风文明建设的主要内容，它将新时代的社会发展与传统文化道德相结合，主要包括以下三个方面。

1. 加强传统美德建设

中华优秀传统美德是经历几千年历史文明流传下来的经典优秀文化遗产，包含个人道德、家庭道德和社会美德等方面，而乡风文明建设就是要将这些优秀的传统美德融入其中，以此来不断提升农民的精神面貌。

2. 崇尚科学和移风易俗的文明生活风尚

随着网络的信息化和文化的多样化，中华优秀传统文化受到了西方思想和多元文化的冲击，一些落后腐朽的思想也严重危害着人们向上向善的进取面貌。农民思想道德建设作为乡风文明建设的核心要义，在建设文明美好乡风时就是要剔除当代传统文化中的糟粕，和西方不良思想文化做斗争，并树立先进的思想观念和良好的道德情操。

3. 加强社会主义思想道德建设

社会主义思想道德建设是指在全社会倡导遵循社会主义核心价值观，爱党爱国爱人民，将集体主义思想置于中国特色社会主义的伟大事业中，让农民真正从思想上发生转变，为乡风文明建设提供内在动力。

（二）农村文化生活建设

农村文化生活建设主要是在农村社会引导农民形成健康向上的价值观念、风俗习惯、生活方式、行为准则的文化活动。要传承农村优秀传统文化，积极吸收城市文化、外来文化的有益成果，推动农村传统文化创造转化、创新发展，深入挖掘传统乡土文化蕴含的深邃哲理、德行观念和人文精神，增强时代意蕴；补齐农村公共文化基础设施建设短板，整合基层文化服务站、图书馆、村史馆等"阵地型"公共文化资源和服务，鼓励社会力量参与其中，满足农民差异化的文化生活需求。

（三）农村社会主义核心价值观建设

社会主义核心价值观蕴含了中华优秀传统文化的基因，融入了时代变迁中的进步元素，凝结了社会主义核心价值体系中最为基础和核心的部分。对农民开展社会主义核心价值观教育，让社会主义核心价值观走村入户、入脑入心，能为乡村振兴战略目标的实现提供强大的精神动力、重要的思想文化保障，能够有效促进乡村振兴战略实施过程中各种问题的解决。要通过各种方式和载体将社会主义核心价值观真正融入村民个人的生活，融入乡村振兴的各方面、全过程。

（四）农村社会风气建设

农村社会风气是指在一定时期内农民群体中广泛传播的价值观念、风俗习惯、行为倾向的总称。它集中展现了农民所思所想所行，是社会关系最为明显的外在表现形式。良好的农村社会风气能够影响整个村庄的精神面貌，带来巨大的精神能量，进而推动农村经济社会的健康发展；而不良的观念和行为则会产生相反的效果，形成恶性循环，给农村社会带来破坏。为此，要创新开展乡风文明实践活动，深入推进移风易俗行动，倡导勤俭节约、文明消费、健康向上、互帮互助的生活风尚，逐步培育农村新风尚。

（五）农村优良家风建设

农村优良家风建设作为乡风文明建设的重要组成部分，对涵养农村社会风气、传承农村家庭美德、促进家庭和谐等方面具有积极作用。农村优良家风建设既要传承以崇德敬老、勤俭节约、团结向善为代表的传统优良家风的内容，又要结合当前时代发展的新要求，顺应家庭发展新趋势，契合国家发展新理念，呼应乡村全面振兴，体现具有时代特点与使命担当的农村家风，将自由豁达、低碳共享、和睦大方的家风作为农村家风建设的又一重要内容。

（六）新型农民建设

新型农民建设主要是对农民开展各种形式的形势政策教育、科学文化教育、职业技能教育，提高他们的科学文化知识以及劳动技能水平，主要任务是培育一大批文化素质优良、经营理念先进、生产技术精湛的新型农民。积极培育新型农民，可以为农业现代化建设储备大量人才，也有助于推动乡村的全面振兴。当前，要想实现对新型农民的精准培育，就要找准潜在培育对象、丰富培育内容、科学设置培育方案，不断强化培育对象的职业认同感，提升其知识水平、道德素养以及专业技能。

五、乡风文明建设的时代价值

（一）维护农村意识形态阵地安全

党的十九大报告做出了中国特色社会主义进入新时代的重要论断，进入新时代意味着国家各项事业的发展进入了一个新的阶段。新时代我们正面临"世界百年未有之大变局"，加之我们当前处在社会转型期、改革深水区，各种矛盾复杂尖锐，还处在"两个一百年"奋斗目标的历史交汇点，城乡之间经济、文化、教育等发展差距不断拉大，尤其是意识形态方面的安全问题，需要引起高度重视，而我国农村地区具有人口基数大、农民整体文化水平不高的显著特点，所以我国乡村存在一定的意识形态安全隐患。党的十八大以来，国家在政策、经济、文化等方面都向农村地区进行倾斜，缩小城乡之间在经济、文化、教育等方面的差距，其中一个鲜明的特点是，国家不仅在物质方面加大投入力度，还将乡风文明建设置于重要的地位，加大了对农村意识形态方面的重视程度，如近年来开展的社会主义核心价值观进农村、党史学习教育进农村等意识形态方面的工作，均是乡风文明建设的重要内容，并且使乡风文明建设不断满足人民群众日益增长的美好生活需要。

（二）提振新时代农民的精气神

乡风文明是推动农村发展的重要因素，具有提振农民精气神的作用，并且能够激发村民参与乡村建设的热情，为新时代乡村振兴注入强大的精神动力。当前我国农村面临大量农民外出务工，农村人才流失严重的问题，在外创业务工的农民不愿意回乡参与乡村振兴，留在乡村的大多是老人、妇女、儿童，他们发展产业的动力和建设美丽乡村的精气神不足，这是当前乡村面临的普遍问题。因此，应通过推进乡风文明建设，以农民夜校、远程教育、送教下乡等为载体，将家风家训、农业技术知识、习近平新时代中国特色社会主义思想、乡村振兴政策、电子商务技术知识、直播带货技术知识等积极向上、向善进步的知识送到农村，从而转变农民落后的思想观念，帮助农民树立发展产业的信心，提高农民的技术水平，让农民的脑袋富裕起来，激发农民发展产业、参与乡村振兴的积极性。

近年来，随着网络信息技术的快速发展，很多地区通过乡风文明建设培育了大批"新农人"，提振了农民的精气神，越来越多的"新农人"活跃在自媒体领域，自媒体直播带货与"三农"的有效结合吸引了在外创业和务工人员返乡参与美丽乡村建设，这都是乡风文明建设在新时代的价值体现。所以，必须高度重视乡风文明建设的作用。

（三）重塑新时代乡村文化自信

文化自信是更基础、更广泛、更深厚的自信，是更基本、更深沉、更持久的力量。这是文化自信之所以能够成为中国特色社会主义"第四个自信"的重要原因，并且新时代能否坚定文化自信事关国家意识形态安全和社会主义现代化强国目标的实现。

然而，中国文化的根基是乡村文化，它是五千多年来我国不同时期的劳动人民在农耕实践中形成的文化，换言之，我国传统乡风文化源于农耕文明，但当前我国乡村传统的文化，尤其是农耕文化在城市化进程中受到城市文化、外来文化的严重冲击，加之农民文化水平有待提高，无法对城市文化和外来文化进行扬弃发展，致使当前我国乡村文化、农耕文明面临不自信和衰落的局面。在此背景下，各地区在推进乡风文化建设时，可以在乡村文化现状的基础上，培育并丰富新时代乡村文化内容，重塑新时代乡村文化自信。

第五章　新时代乡村振兴战略规划的编制

做好推进乡村振兴战略规划的编制工作，是推动乡村振兴高质量发展的重要基础工程。国家乡村振兴战略规划应该是各部门、各地区编制乡村振兴规划的重要依据和具体指南，不仅为我们描绘了实施乡村振兴战略的宏伟蓝图，也实化了工作重点和政策措施，部署了一系列重大工程、重大计划和重大行动。本章分为新时代乡村振兴战略规划概述、新时代乡村振兴战略规划编制的意义、新时代乡村振兴战略规划编制的方法三部分。

第一节　新时代乡村振兴战略规划概述

一、新时代乡村振兴战略规划的问题

乡村振兴战略规划需要关注农民主体在乡村景观中的影响。乡村振兴战略规划不仅要合理利用乡村独特的地理优势，还需要结合乡村的乡土特色来合理制定规划方案。

但是，在规划的过程中容易出现三类问题：第一类问题是管理者的乡村振兴战略规划意识薄弱，不能更好地结合乡村特色来做好整体规划；第二类问题是乡村振兴战略规划宣传不到位，村民意识不到乡村振兴战略规划对自己家乡以及自身的益处；第三类问题是农村地理环境无法与农民的生产生活相结合。所以，针对以上问题，需要从乡村的生产、生活、生态三方面来开展乡村振兴战略规划，并且通过规划将乡村的各个要素进行有机融合，从而打造出和谐共生的乡村。从整体上看，在乡村振兴战略规划这一环节，关键的任务是将农村的地理环境与农民的生产生活相结合，实现生产生活景观与园林景观相融合的发展状态。

二、新时代乡村振兴战略规划的原则

（一）以人为本

在整个乡村振兴战略规划系统设计的过程中，要遵守以人为本的原则。以人为本，是在综合设计时要始终坚持的根本准则。在乡村振兴战略规划中，要尽量满足人们对环境的多元化需求，为居民提供较为良好的生存发展环境。长时间以来，景观投资建设包括后续投入，都是以本土农民为核心，因此在综合设计时，要把本土农民的使用要求作为落脚点，保障整个系统设计具备一定的稳定性并达到一定的满意度。

（二）因地制宜

我国各区域的地理位置、自然环境等具有十分显著的差异，人们在文化教育、综合素养等各个方面也存在差异，进而使得各区域具备了各自的文化特征和乡土风貌。在乡村振兴战略规划系统设计中，要求不同地区把各自悠久的历史和传统文化特征以直观实际的形式表现出来，要根据建设施工环境等影响因素，遵守因地制宜的根本原则，完成对整个乡村振兴战略规划的设计和策划。

（三）可持续发展

在乡村振兴战略规划过程中，在景观规划设计环节，主要面对的严峻挑战是环境危机带来的影响。在针对乡村景观展开综合设计时，要始终坚持将自然生态收益作为第一目的，保障物质资源再生，推动经济总收益的增加。

第二节 新时代乡村振兴战略规划编制的意义

一、更好地推动农村发展

编制和完善乡村振兴战略规划，能够为城乡和谐发展提供可靠的制度保障，充分发挥农村的特有功能。全面实施乡村振兴战略，有利于缩小城乡差距，推进城乡融合发展。随着农村经济发展、产业模式和人口状况的变化，推动农村经济发展已经成为实现中华民族伟大复兴的重要举措。基于对住房、就学、卫生、工作等的要求，越来越多的农村人口向城市转移，农村大量的建设用地得不到充分利用，产业得不到充分发展，资源得不到充分利用，因此，在乡村振兴战略规划编制的过程中,要积极盘活农村闲置土地,努力推动现代农业产业发展,统筹利用乡村资源,实现农村产业兴旺、生活富裕。还要逐步提高农村公共服务水平,推动农村商业、文化、金融、体育、教育等方面的全面发展,做好公共服务设施建设,创造均等的公共服务环境,吸引更多社会资本建设公共服务设施。加强农村公共服务建设不仅有利于提高农村的公共服务水平,而且可以极大地促进一、二、三产业在农村的融合发展,从而优化农村的产业结构,推动现代化农业产业发展。目前,我国部分农村地区的经济发展水平有待提高,公共服务设施及基础设施建设不足,科技力量薄弱,资源得不到充分利用。要想解决这些问题,各级政府必须坚持改革创新,全力支持乡村建设,坚持优先发展,加大对农村建设的投入,统筹发展,循序渐进。乡村振兴,基础设施建设是关键,加大对农村基础设施建设的政策倾斜,更有利于提升农村地区人民的生活水平,有利于促进农村经济的长足发展。

二、满足"三农"工作的需求

从城乡规划的角度看,编制乡村振兴战略规划,能够促进农业升级、农村进步、农民发展,推动农村现代化发展。编制乡村振兴战略规划,应通过应用各种先进理念和科学技术,以农业、农村、农民为基本单元,采取措施促进三者的协同发展。农民是乡村振兴的主体,是城乡规划的关键要素。

要想实现农民增收、农业发展、农村稳定,就必须统筹考虑三者之间的关系。中国作为一个农业大国,"三农"工作不仅关系到国民素质与经济发展,更关乎整个社会的稳定和民族复兴大业。这就要求城乡规划协同国家的乡村振兴战略,结合农村历史文化特色和区域发展现状、区位条件,以及资源禀赋、产业分类等基本要素制定规划,坚持规划先行、循序渐进。解决农民增收问题的前提就是要加强农村基础设施建设,重点包括交通、水利、电力设施的建设,改善农业生产条件。解决农业发展问题,就是要大力发展农村产业,重点包括产业体系、生产体系、经营体系。解决农村稳定问题,首先要解决农民的住房问题,鼓励农村住房设计体现地域特色,积极采用新技术、新材料,以经济实用、美观环保为原则,提倡生态建设理念。其次要大力建设农村公共服务设施,提升公共服务水平,推进城乡基本公共服务均等化。随着农村公共服务水平的提升,农村第三产业也将得到长足发展,这将促进农村经济和产业结构的不断发展和完善。

三、推动社会主义现代化强国建设

从城乡规划的角度看，编制乡村振兴战略规划，能够推动我国不断向社会主义现代化强国迈进。协同推进乡村振兴战略和新型城镇化战略必定加快城乡融合发展，促进城乡人民生活水平的提高。城乡统筹背景下的乡村振兴战略更好地适应了农业农村发展的需要，促进了现有乡村资源的保护、开发和利用。各地区应发挥农村资源和生态优势，通过先进科学技术和理念，支持现代农业、农产品市场、休闲农业、乡村旅游、乡村康养等的建设，发展农村集体经济，为农民增收拓宽渠道，促进农业高效、农村美丽、农民富足。统筹城镇和乡村发展，科学安排生产、生活、生态空间，优化城乡产业结构、基础设施和公共服务设施布局，逐步实现全民覆盖、普惠共享，农民也会积极参与国家建设，最终巩固国家的综合实力。只有扎实推进城乡经济一体化，均衡发展，才能推动社会主义现代化强国建设。

第三节 新时代乡村振兴战略规划编制的方法

一、乡村振兴战略规划编制的流程

规划编制一般包括前期准备阶段、规划编制阶段、征求意见阶段和评审报批阶段。在前期准备阶段，工作组赴实地做好初步接洽与考察，制订初步规划提纲和工作方案，组成规划编制团队，收集资料，并进行现场详细调研，加强资料整理和分析；在规划编制阶段，加强研究分析，确定思路、目标和主要任务；在征求意见阶段，加强与委托方和业内专家的沟通，充分征求意见；在评审报批阶段，通过评审和修改定稿。

（一）前期准备阶段

前期准备工作充分与否，在很大程度上影响了规划工作能否顺利开展，必须予以高度重视。前期准备阶段的工作一般包括组织准备、技术准备、物质准备、资料准备、典型勘察、资料收集等。

1.组织准备

规划合同签订后，应立即组织各方面的专业人士成立规划编制组，初步拟定调研大纲，分解内容，明确分工，选定主要负责人和多个专业负责人。为了保证规划质量，还应成立由相关领导、专家组成的顾问咨询团。

2. 技术准备

由规划主持人编制工作计划和调研大纲，召开规划启动会，明确各自承担的任务和完成的时间。各专业负责人还要提出资料清单、编制调查表格、拟定问题现场答疑等。对以前没有涉及过的领域，还应组织技术培训或聘请外援专家。

3. 物质准备

绘制现场调查的工作底图和工作表格，准备现场调查所用的全球定位系统（GPS）和录音笔等，有时还要联系现场，备用勘查车辆。

4. 资料准备

主要通过网络查询、电话交流、邮件传递等方式进行初步资料收集，还应提前制定各专业调查资料清单、调查问卷或访谈提纲等。

5. 典型勘察

重点勘察当地比较典型的标准化种植基地、规模化养殖场或重点龙头企业、农民合作社等单位，并根据调查提纲与当地专家或一线生产人员进行深入接触和广泛交流，充分获取一手材料。

6. 资料收集

在与当地各部门交流的同时，还应收集各产业发展的统计数据和规划资料、产业分布图、相关建设标准和地方优惠政策等。

（二）规划编制阶段

1. 大纲拟定

根据双方沟通情况和实地调查资料，拟定规划编制大纲，提出各章节所涵盖的规划内容，双方通过交流达成一致意见后，根据各自专业分配到个人，并明确任务完成时间。

2. 形成框架方案

根据现场座谈内容和收集的基础数据资料，确定规划思路、功能定位与分区，形成总体框架方案。

3. 规划起草

根据调查所掌握的资料，负责各专业的相关人员通过与委托方多次沟通，在规定的时间内分章节完成各自承担的规划内容。在此基础上，规划区负责人完成文本整合，并召集全体编制组成员充分讨论后形成规划初稿。

（三）征求意见阶段

1. 初稿研讨

编制方将规划初稿提交给委托方，由委托方审阅后，提出修改意见。

2. 反馈给编制方

到现场与委托方交流初步规划的成果，并听取反馈意见。若初稿与委托方的想法出入较大，则要派相关专业人员到现场进行必要的补充调研，进行再次分析及项目研究。

3. 规划定稿

听取委托方的反馈意见和补充调查后，通过多次讨论与研究修改完善规划文本，提交规划修改稿。与相关领导及职能部门进行多次沟通交流后，再次修改完善规划，并形成规划送审稿。

（四）评审报批阶段

1. 召开评审会

由双方商定组织召开评审会，或由当地农业主管部门根据相关要求组织评审，由编制方制作幻灯片（PPT），进行汇报并答疑，各专家对规划进行评审，形成评审意见。

2. 提交终稿

根据专家评审意见做最后的修改完善，形成最终报告。将规划报告、表格、图纸一并装订成册，加盖公章，提交甲方。

二、乡村振兴战略规划编制的内容

（一）编制思路的确定

依托乡村振兴战略的实施，通过分析基础现状和发展条件，确定当地乡村振兴的发展定位和功能布局，统筹城乡发展空间，优化乡村发展布局，分类推进乡村发展，有序实现乡村振兴，在此基础上，确定规划的重点任务、工程和保障措施。具体来看，在建设定位上，要坚持农业农村优先发展，按照产业兴旺、生态宜居、乡风文明、治理有效、生活富裕的总要求，建立健全城乡融合发展体制机制和政策体系；在建设内容上，重点推进农业现代化、生态宜居乡村、保障和改善农村民生等任务；在实施路径上，统筹推进农村经济建设、政治建设、文化建设、社会建设、生态文明建设和党的建设，加快推进乡村治理体系和治理能力现代化，加快推进农业农村现代化，走中国特色社会主义乡村振兴道路，让农民成为有吸引力的职业，让农村成为安居乐业的美丽家园。

（二）指导思想的确定

1. 规划区规划的依据

一般来讲，规划区规划的依据是指中央及地方政府有关规划区建设、区域经济发展的相关政策、方针等。在对这部分内容进行撰写时，要重点分析近年来中央发布的重要文件、经济发展规划和产业布局规划等，地方政府出台的现代农业发展规划、农业规划区建设意见，以及相关优惠政策等。

2. 规划区规划确定的总体目标

规划区发展要实现的总体目标一般包括多个，如到规划期末，将其打造成国家级或区域级乡村振兴示范样板区、国家级农业科技规划区、区域性现代农业示范园、农业产业聚集区等。在指导思想中应根据规划区发展现状，突出核心目标。

3. 规划区建设的重点内容

应按照农业规划区的比较优势、存在问题、发展方向等，确定规划区建设的重点内容。重点内容包括构建现代农业产业体系，加强科技创新与技术支撑，强化基础设施建设与物质装备，探寻组织管理与运行机制模式等。

（三）规划原则的确定

规划原则是规划区规划和项目设置需要遵循的基本方针，对规划区建设起重要的指导作用。基本原则的撰写应根据规划区的指导思想、功能定位和发展战略加以确定，做到普遍性与特殊性相结合、前瞻性与现实性相结合、理论性与可操作性相结合。规划在遵循"创新、协调、绿色、开放、共享"基本原则的基础上，应结合规划区实际，突出特色。

（四）规划目标的确定

规划目标是指规划区规划实施所期望达到的目的和效果，包括宏观层面的总体目标和落实总体方向的具体目标。科学、合理的规划目标是评价和监督规划区规划实施效果的重要依据。

1. 总体目标

总体目标是对规划区未来发展蓝图的大致描绘，反映的是规划区最终要实现的状态，是具体目标制定的基础和依据。

2. 具体目标

（1）概述

具体目标应满足总体目标的要求，需要对总体目标进行进一步分解，同时，它是实现总体目标的基础条件，要尽可能地考虑资源配置的可能性和市场容量的潜在性。在选择具体目标时，应注重主要目标与次要目标、定性目标与定量目标、预期性目标与约束性目标，便于项目验收和进度考核。具体目标应与不同规划期的目标保持一致。为便于比较分析和获得数据，应尽可能采用国家统计部门公布的数据。

（2）规划目标指标体系的构成

结合各类农业规划区的具体条件及自身特点，可通过构建一系列规划指标体系来完成具体目标的制定，其具体目标主要包括规划区经济效益、农业产出、农业基础设施与物资装备、农业经营管理、辐射示范带动等内容。

第六章　新时代乡村振兴战略的实施路径

现代化社会的发展加快了城乡经济的整体发展步伐，事实上，政府还是更加注重城市经济的发展，导致乡村发展跟不上整体步伐。在新时代发展的过程中，实施乡村振兴战略在一定程度上缩小了乡村经济与城市经济的差距，对于增强我国整体区域经济发展效用起到较大的作用。本章分为新时代乡村振兴战略实施的经验借鉴和新时代乡村振兴战略实施的路径选择两部分。

第一节　新时代乡村振兴战略实施的经验借鉴

一、国内乡村振兴战略实施的经验借鉴

（一）城镇共融发展型

1. 定位引导

城镇共融发展型乡村一般是位于城镇区内或周边的乡村，区位的特殊性使其拥有较为便捷的交通和相对完善的公共服务设施及基础设施。其发展定位是规划建设成为城镇瓜果蔬菜等农产品深加工供应地。

2. 总体策略

城镇共融发展型乡村建设首要是处理好与城镇间的关系，把握城镇化发展阶段。具体包括：合理预测未来人口与建设用地规模，注重优化土地结构；规范土地流转，实行家庭农场集中经营；承接城镇工商建设，开展集体加工业和延续服务业；有序开展更新改造，进一步提升公共服务设施质量与空间品质。

（二）生态休闲保护型

1. 定位引导

生态休闲保护型乡村对生态环境、自然资源等要素具有严格的保护要求，限制大规模开发利用；村内优越的生态环境与别致的自然资源景观要素为乡村发展生态旅游提供了基础。其发展定位是将生态环境资源适度转换为经济效益，打造具有典型性与代表性的生态休闲乡村。

2. 总体策略

生态休闲保护型乡村建设首要是处理好保护与发展之间的关系，把生态环境保护与治理放在第一位。具体包括：一是乡村以资源保护为主，限制资源的过度开发破坏；二是充分发挥乡村基础资源的生态优势，建设形成生态旅游产业推动乡村经济发展的模式，如生态观光、生态农业、生态环境教育、生态文化等；三是针对村庄建设开发过程中产生的环境破坏影响，从实际情况入手做好乡村生态保护工作，如加强乡村旅游区域环境监测、加强从业人员与来访游客的环境保护意识等。

（三）特色村落塑造型

1. 定位引导

特色村落塑造型乡村一般具有较丰富的历史文化底蕴与传承保留价值，并且区位交通条件优越，公共服务设施配套完善。其发展定位为打造一处地方特色鲜明，集观光、旅游、娱乐、休闲、度假和购物为一体的人文旅游乡村。

2. 总体策略

该类型乡村建设应着重挖掘人文资源要素，搭建文化传承与展示载体，促进乡村旅游发展。具体策略包括"三全"：一是"全资源"——深入挖掘乡村文化内涵，提升品牌的知名度，整合文化旅游资源，打造精品旅游线路。二是"全主体"——政府加大对乡村文化的关注和推广力度；发挥企业对旅游发展的扶持力度，拓宽资金来源；强化宣传，培养民众的旅游服务意识，共享全域旅游成果。三是"全产业"——推动产业融合，构建"旅游+文化+加工业"的发展模式，打造区域旅游示范基地；促进"文化+旅游+教育"的融合，探索研学旅行新形式。

（四）特色产业主导型

1. 定位引导

特色产业主导型乡村产业基础好，市场需求旺盛。依托优势发展资源，突出区域特征，实现经济效益和生态效益高效结合，以延伸农产品产业链为主要途径。该类型乡村的发展目标是构建一个特色产业鲜明的多功能现代化乡村。

2. 总体策略

特色产业主导型乡村必须将特色农业作为优化主导目标，以产业助推发展。具体策略为制定特色化农业发展路径：转变供给方式，寻求高质量农产品；转变生产方式，走绿色可持续发展道路；转变经营方式，实现农业规模化经营。

（五）高值集聚提升型

1. 乡村产业发展策略

高值集聚提升型乡村是当前推动乡村振兴发展的重要部分，村内耕地资源较丰富，各方面基础设施建设比较齐全。因此，乡村应发展规模农业，主要以绿色有机农产品的种植为主，以此为基础，可促进村内农业机械化、集约化，从而达到农业生产现代化。主要策略包括以下几种。

（1）转变经营模式

经调研发现，高值集聚提升型乡村一般为各户独立进行生产活动，土地利用效率不高，这在一定程度上影响了农业生产的发展。因此，在农业耕作与运营时，必须充分利用好已有的土地资源，推动农村土地的三权分置，推进村集体产权体制的改革，采用多方合作、土地流转、个人承包等多种方式促进农业规模化发展。积极培育农业企业、家庭农场等在内的新型农业经营模式，构建政府、新型经营主体、农户三方合作的新型农业经营体系。

（2）加大政府对农业的扶持力度

政府要加大对高值集聚提升型乡村农业的扶持力度。首先增加对农业项目的补贴，尤其是对农业龙头企业的水、电、通信、物流等基础设施建设和规模化种植、农作物运输、机械化设备采购等予以补贴；其次，出台相应的优惠政策，增加资金扶持，加大对高科技农业的投资力度，实行减免农贷等优惠政策，鼓励企业、个体农户积极投身于农业发展；最后，支持发展农村合作金融，鼓励各类金融机构创新服务方式，设立农户创业基金，健全信用信息体系。

2. 乡村空间建设标准

高值集聚提升型乡村空间建设标准，主要包括基础设施建设与绿化景观整治两方面。其中，基础设施建设主要包括道路建设、各类综合管线、环卫设施等多方面内容：道路建设是对不同等级的道路提出不同的建设标准，以及为道路两侧的植物景观配置提供指导；各类综合管线方面主要是确定管线的敷设方式、布置原则以及管材管径的类型、大小；环卫设施方面包括垃圾处理与公厕建设两个要点。

二、国外乡村发展的经验借鉴

（一）美国乡村发展经验

美国是发达国家，是全球的农业大国，同时是世界上城市化水平最高的国家之一。20世纪60年代，美国高度城镇化带来的一系列城市问题更加突出，促使美国政府进行反思，而后采取了一系列针对城镇建设、农业发展的多元融合政策体系来推动城乡一体化，进而带动农业农村社会的发展。

美国的农产品主要包括玉米、小麦、大豆、棉花等，其次为烟草、马铃薯、燕麦、稻子、柑橘、甜菜等，粮食总产量约占世界总产量的1/5。为了支持农业农村的发展，美国制定了很多政策，包括《农业调整法》（1933）、《农业贸易发展和援助法》（1954）、《食物、农场及就业法案》（2014）、《农业保护地役权计划》（1974）、《农业灾害救助计划》等。美国在发展农业农村时，充分意识到大中小城镇的均衡发展是城乡一体发展的关键，充分发挥中心城镇对广大农村地区的辐射带动作用，在小城镇的建设上，将个性化特征和公共服务结合起来，强调生态宜居和休闲旅游多重目标的合一，促进城乡均衡发展，加强基础设施建设，优先支持贫困地区农村社会发展，高度重视农业的科技研发和技术推广、农业教学和科学研究。康奈尔大学和加州大学等学院在农业科技成果研发和技术人才的培养上发挥了重要的作用，同时美国还拥有农业研究局、孟山都、陶氏益农等诸多政府、企业及非营利性的研究机构，通过政府与公司、研究机构的联合研发、专利授权或者转让的方式，有效降低了研发成本，加快了科研成果的转化进程。

美国的农业生产是在高度专业化的基础上建立起来的，构建了以生产为中心，加工、销售、经营全链条的一体化的生产经营体系。美国把合作组织作为农村经济发展的关键组成部分，合作社是农户和市场沟通的重要渠道，通过提供销售和加工服务、供应服务、信贷服务等，美国农业搭建了完整的产业链条，降低了生产成本，促进了农业产业链纵向、横向融合。

（二）德国乡村发展经验

德国主要生产的农产品有牛奶、猪肉、牛肉、黑麦、大麦和甜菜等，部分地区以种植水果和蔬菜为主。德国在第二次世界大战以后，经历了乡村人口大量减少、乡村的经济活力不足的困境。在着力应对城市化发展困境的过程中，德国城乡治理措施也在不断地调整和完善，通过均衡城市化和生产力布局，德国对农村改革进行规范和引导，大力支持农村创新等，有力地促进了乡村地区的稳定发展与繁荣。

德国在城市化方面采取城市分布和规模化结构相平衡的模式，1965年颁布的《联邦德国空间规划法》中，以法律形式明确规定乡村建设应赋予农村居民和城市居民同等的生活条件，所以德国有一半以上的人都生活在小城市和小城镇里。20世纪50年代，德国先后颁布《土地整治法》和《农业法》，推动小规模农户退出后的土地流转集中、发展农业规模经营，加大乡村基础设施建设和教育医疗等公共服务的供给，在城乡生活水准等值的前提下实现区域之间有益的互补；积极引导工业企业向中小城市和城镇布局，不断强化小城镇的产业配套与服务功能，通过提升交通便捷性、公共服务均等性，增加就业机会等，使中小城镇和乡村成为理想的生活家园。由于城市、农村发展同步，德国很多大企业的总部都设在了小镇上。

在德国，要想成为职业农民，是要经过非常严格的培训的，德国农民均为持证上岗，最少要接受3年的实践劳动锻炼和理论学习过程。职业农民的准入条件非常严格，但是德国的农民专业化水平很高，这和德国政府重视农民的职业教育是分不开的。德国具有职业进修教育学历的农民占全国农民比重的59%，农民的高素质有效地促进了农产品的产量以及粮食和食品安全。为了保障农民的权益和促进产业发展，德国建立了广泛的农民团体组织，为农民提供法律咨询、教育培训、技术推广、开拓市场等服务，维护农民的权益，重视农民的诉求和意见，在农民、政府、企业之间进行协调和沟通。德国也非常重视农村的可持续发展，综合权衡农村的生态价值、文化价值、旅游价值、经济价值，目的就是在保留农村原有特色的基础上完善城乡规划与加强基础设施建设，使乡村更加美丽宜居。近年来，德国面临农村人口数量减少和农村人口老龄化的危机，为了让农村成为充满活力、宜居的地区，2015年德国农业部门成立了乡村战略司，支持农村地区的研发和知识创新，并为发展欠佳的农村地区提供资金支持，促进农村经济平稳平衡和谐发展。此外，德国数字农业可挖掘潜力较大。德国是全球数字化转型最迅速的国家之一，其政府高度重视农业领域数字化，为了促进农业数字化发展，德国联邦食品和农业部颁布了《农业数字政策未来计划》，鼓励并支持农业数字化技术开发和应用，为德国农业数字化发展提供了政策支持，给数字农业营造了有利发展环境。到 2022 年底，德国联邦食品和农业部拨出 6000 万欧元用于农业部门的数字化和现代化建设。

（三）日本乡村发展经验

日本种植面积最大的农作物是水稻，并且能够实现自给自足，其他主要农产品包括豆类、蔬菜、水果、花卉等。第二次世界大战后，日本加快推进了工业化和城镇化进程，但是城乡发展差距逐渐加大，乡村人口减少、产业萎缩等问题日益严峻，为了促进城乡均衡发展，日本政府以挖掘本地资源、尊重地方特色为发展理念，因地制宜地利用乡村资源来发展和推动农村建设。

日本农业经营体系也是以小规模农业种植为主，"一村一品"就是根据一定的区域布局、生产条件和规模经营的要求，因地制宜地发展独具特色的主导农业产品和产业，形成具有区域品牌优势的产业集群。依靠特色资源发展本地优势产业，如大分县的柑橘"山魁"，旧大山町的"梅子蜜"等。实行一次性深加工的策略提升农产品附加值，日本的甜柿很有名，也以柿子为主要原料或辅助材料加工其他产品以及衍生产品，如风味柿果糕点、饮品、美容护肤产品，以及日用品等。日本政府鼓励农业生产向第二、第三产业延伸，促进产业融合发展，本地农产品本地消费，当本地农产品不能满足本地消费时再通过进口或其他方式引入外地的农产品；强化对本地土特产品的开发、生产和加工；充分发挥日本综合农协的作用，积极帮助各地区在农产品的生产、加工、流通和销售环节建立产业链条，促进产品的顺利交易。

第二节　新时代乡村振兴战略实施的路径选择

一、未来乡村振兴战略定位分析

（一）促进优秀人才的培养

从一定程度上讲，要切实实施乡村振兴战略，必须科学引导、吸纳一大批优秀人才。目前，我国面临的问题之一是人才流失问题。要在智慧"三农"发展要求下，大力促进农村人力资源服务业高质量发展，培养"一懂两爱"的乡村人才。

高度重视对农村人力资源的教育，吸引高素质技能型人才，提高农村人力资源信息化管理质量。

此外，还可以开发乡村旅游业、休闲娱乐产业等，提高薪酬福利，吸引大批人才。

（二）进一步推动现代农业发展

我国特色农业的比例有待提高，需要结合实际情况加强信息化管理和推动机械自动化的发展。推广"互联网+"技术协同新方式，应用数字化手段，提高农牧业的生产效率和产销率。

（三）不断调整产业结构

农村的产业大多属于第一产业，智能化程度较低。只有积极引进农业技术，才能不断调整产业结构，推动智能化进程中技术的发展，并朝着第二、三产业的方向迈进。

例如，可以修建具有乡村特色的房屋来打造特色度假村，充分利用乡村地域元素，营造具有地方乡土特色的村庄景观。

（四）增加基础设施

要想切实保障生态宜居，就必须缩小城乡之间的差距，完善基础设施建设，切实提高农村人民的生活水平。例如，可以增加公共服务设施和公共活动场地，为村民提供开展丰富活动的场所。当村民能够自发地开展活动，其生活质量也能得到提升。

（五）树立文化品牌

要想实现乡村文化复兴的目标，必须有持续的动力支撑，才能使文化复兴的成果更为显著。从乡村振兴长期、稳定发展的角度来看，必须立足农村的实际，注重文化品牌的建设。以文化品牌为依托，实现工业发展与产业升级，使其成为推动工业发展的主要推动力。

二、新时代乡村振兴战略实施的路径

（一）加快农业产业优化升级

1. 调整农业供给结构

我国农业产业的主要矛盾是结构性矛盾，产业链条较短。因此，对农业生产结构进行调整和转型升级，提升有效供给率，是当前乃至未来一个时期"三农"工作的主要任务。在实施乡村振兴战略以后，农业供给端提质增效已经取得了良好成效，主要表现为农产品供需错配问题明显改善，农产品质量安全水平持续提升，绿色发展理念不断推广。但是，农业结构供给侧的矛盾依旧明显，因此要继续采取多种措施合力解决。

一是要大力倡导以需定产、量产而种、产销结合模式，这样才能大幅度提升供给和需求两侧的平衡，壮大农业全产业链。例如，针对专用品种"缺芯"，可以利用特色种质资源，选育专用、高产、优质、多抗的新品种，推广具有自主知识产权的优良品种；又如，某市主产玉米，则围绕该市打造玉米收储、精深加工、鲜食玉米等企业，也可以培养以玉米为主要饲料的肉牛养殖企业等。坚持以市场需求为导向的原则，减少无效供给，避免农业资源和粮食的浪费，产业链条哪里薄弱就要补强哪里，有针对性地推进改善。并且要坚持以绿色发展理念引领农业发展，要依托当地的特色资源，因地制宜地发展特色产业，利用资源优势打造产业优势，推动形成地理标志优势产业。

二是要构建现代乡村产业体系。一方面要着重打造农业全产业链条，对农业产业的关注不仅仅局限于生产，也要关注农产品运输、销售、仓储、加工等多个方面，这样不仅能给农民带来增收，还能提高农业生产效率和产业效益。构建现代乡村产业体系能够改变农业供给结构，使得各种生产要素深度融合，使散乱的、碎片化的产业形成一个有机整体。另一方面要推广多种形式的现代乡村产业，营造良好的创新创业环境，促进乡村产业的可持续发展。

值得注意的是，深化农业供给侧结构性改革绝不能以牺牲粮食安全为代价，调整农业结构不代表粮食产量不重要，发展现代农业也绝不能忽视粮食生产，保证国家粮食安全是底线，是政治责任，尤其是在国际竞争日益激烈的今天，粮食安全是我们这个农业大国、人口大国的立足之本。

2. 加速农业信息化转型

利用信息技术，夯实农业发展基础，推动我国农业发展向现代化方向转型，从而促进产业振兴发展，实现乡村振兴。

首先，需要加强互联网、人工智能等技术在农业生产经营中的应用，在农业生产环境分析与气候预测、农作物生长情况跟踪与病虫害预测预报、农畜产品加工与冷链物流运输、农业市场供需动态变化情况等环节中，都借助信息技术的力量。构建农业生产的云平台与数据库，让农畜产品的生产从原料选取到生产加工再到最终产品的售后追踪都有迹可循、信息透明，真正实现农畜产品"可溯源"，让消费者了解自己购买的农畜产品的来源，一方面对产品和品牌来说是一种宣传，另一方面可以让消费者放心购买。同时也可以利用大数据分析农产品的市场供需水平，有针对性地制订农业生产计划，从而促进农业资源的合理利用，提高有效供给率和生产效益。

其次，要促进一、二、三产业融合发展，因地制宜促进地方特色与新型农业产业融合发展。目前，我国部分地区仍然存在农业产业链条过短的问题，大多仅停留在粗加工阶段，因此各地区需要深入挖掘当地的自然资源优势、历史文化特色，发展特色旅游农业、生态农场、田园综合体等新型农业产业，做大做强地区农业品牌，进一步提高农业产业的附加值。

与此同时，为了更好地打开农产品的销售市场，可以通过抖音、快手等短视频平台进行直播带货，利用微博、微信公众号等新媒体途径进行农产品的宣传推广，将线上与线下营销相结合。

3.建设现代农业产业园

建设现代农业产业园，引领乡村振兴。产业园的建设起点要高，标准要高，以规模化种、养殖为基础，吸引有实力的新型经营主体带动乡村产业的发展，提高种、养殖户的收入。建设现代农业产业园，可以吸引更多的社会资本加入乡村建设，吸引更多的人加入乡村建设。园区建设要达到一定规模，这样才能充分发挥其作用，体现现代农村建设的亮点，推广农业科技成果，辐射带动更多的地区向农业高标准方向迈进。

（二）构建现代化乡村治理体系

乡村治理，是国家现代化治理的重要部分，也是乡村振兴的重要支撑。政府应当维护党在农村基层社会治理中的领导地位，加强农村自治、法治、德治，推进党的领导与自治、法治、德治有机统一，构建现代化治理体系。

1.加强农村基层党组织建设

办好农村的事，关键在党。2022年中央一号文件要求，充分发挥农村基层党组织的领导作用。政府要全面加强基层干部培训，持续推进建设农村过硬的党支部，强化党组织对村级各类组织的领导，推广运用新时代"枫桥经验"，确保乡村治理在党组织的领导下有序开展，构建覆盖全农村的基层治理网络，实现"人在网中走，事在格中办"，农村矛盾问题就地解决。要在全域推行村党组织书记专业化管理工作，健全科学考评机制，稳步提高村干部福利待遇，做好社会保障，消除村干部后顾之忧，提高村干部的乡村服务意识和业务能力。村强才能民富，相关部门要推进农村资源要素整合，盘活闲散资源资产资金，通过创办合作社等多种途径，壮大村集体经济收入，确保村里有钱办事。同时，要以党组织为核心，进一步建立完善村级群众自治组织、社会组织和经济组织，充分挖掘乡村的内生动力，健全激励保障机制，调动农民参与乡村治理的积极性，构建多元主体参与的乡村治理模式。

2. 推进三治融合发展

党的十九大提出，要健全自治、法治、德治相结合的乡村治理体系。村民自治方面，政府要进一步推进村民自治组织的完善，虽然目前我国乡村基本是"一肩挑"，但仍要保持村民自治组织的相对独立，不断创新"树下议事""村民大会"等村民议事形式，健全议事决策主体和程序，重视并充分发挥自治章程、村规民约的功能，保障农民群众的权利，村里的重要事项要让村民充分参与进来，让老百姓自己"说事、议事、办事、主事"。法治方面，良法是善治的前提，因此必须推动乡村法治建设，以提高各级干部依法决策、依法办事的能力，进一步完善法律宣传工作，引领农民群众尊法、学法、守法，让群众遇事自觉找法，而不是靠人情办事。德治方面，深入推进社会主义核心价值观建设工程，宣传乡村优良风尚，持续开展农村孝亲敬老活动，进一步加强农村精神文明建设，提升乡村文明程度，以"德"铸"魂"，进一步提升农村的社会凝聚力，激发农村发展活力。

3. 创新乡村治理方式

新时代的乡村治理，应当积极融入数字乡村建设，政府要全面运用现代信息技术，积极推进现代化农村管理体系、流程优化再造、丰富乡村治理手段，实现村民办事"不出村"。乡村治理不能仅靠政府来推动，政府必须发挥好引导作用，通过数字化手段，简化各组织参与乡村治理的程序，全面调动社会各方参加整治工作的积极性，让其作用得到充分发挥。在政府职责方面，要进一步优化从县到村的职责定位，搭建县和乡村的共同管理平台，形成各负其责又密切联系的机制体系。要充分吸引广大农民、义工等主动投入村庄管理工作，同时做好政府组织、村级自我管理组织、市场经济组织、社团组织等乡村管理主体的培养，进一步优化利用各地资源，有效提升地方资源利用效率和乡村治理水平。

（三）加强乡村医生队伍的建设

1. 提高乡村医生的待遇

一是健全完善乡村医生绩效考核，使乡村医生与街镇卫生院工作人员同等待遇，采取"工分制"等量化考核的方式，由所属乡镇卫生院定期对所在村社的乡村医生进行绩效考核。对乡村医生队伍和村卫生室建设给予专项补助资金支持。

二是加快乡村医生职业化培训。针对乡村医生，区卫健委要制订适合乡村医生的培训计划和内容，分片区定期组织乡村医生参与培训，提高其业务技术水平；培训费用可参照国家培训职业教育相关补助政策，以政府提供补偿为主，单位补偿为辅，个人免费进行培训。

2. 进一步完善乡村医生医疗养老保障机制

深入推进镇村卫生服务一体化进程，按照国务院下发的《关于进一步加强乡村医生队伍建设的实施意见》的要求，参照所在街镇卫生院标准，从正常工资收入当中扣减费用购买城镇职工养老保险。建立健全乡村医生退出机制，除因违规违纪违法退出外，其余人员到龄正常退休，参照乡镇卫生院工作人员标准享受相应的退休待遇。对乡村医生的医疗行为实行强制保险制度，这样在发生因意外而引起的医疗纠纷时，保险公司可以作为第三方调解机构及时介入协商解决，让乡村医生的从业环境更加和谐，让乡村医生更有底气地工作和更安心地为农民群众服务。

3. 降低药品的采购价格

尽快完善基本药物的采购、供应和配送等配套体系，减少药品的流通环节，切实降低药品零售价格。在同一行政区域内相同级别的医院里，同一品牌药品的零售价格应相同，改变目前一些价格低、用量少的国家基本目录药物缺乏，街镇医院无法采购的局面，体现乡村医生为农民群众服务的优势，充分调动乡村医生工作的积极性，让农民群众得到真正降低医疗费用的实惠。

（四）培育社会成员良好的社会公德

1. 提升乡民主体公德意识

乡村公德培育的起点是乡民主体公德意识的培育。乡民主体公德意识既包含对其在公共生活领域中应遵守的公德要求、公德原则和公德规范的体认，也包含公德自我教育意识。可以从以下几个方面进行提升。

首先，要通过增强乡民法律观念来塑造其公德观念。公德与法律的内容是相互关联的。一般来说，凡是法律所禁止的事情，都是公德所谴责的行为。法律在公共生活领域所约束的行为都是公德最基本的要求。因而乡民法律观念塑造的前提是形成公德观念。加大法律知识的宣传力度有利于乡民法律观念的增强。可通过印刷宣传册、组织法律主题的文艺活动、设置展板、悬挂宣传标语等方式在乡村中进行法律宣传，形成学法、守法、用法的氛围。同时，提高法律援助保障水平也有利于乡民法律观念的形成。法律援助是襄助乡民、保障社会弱势群体合法权益的社会公益事业。乡民法律观念缺乏的原因之一是乡村法治建设不到位，乡民无法凭借法律捍卫自己的权利。提高法律援助保障水平可以在宣传法律法规的同时，为处于弱势的乡民提供更高效、专业的法律服务，让乡民真正受益于法律，并自觉地运用法律解决实际问题。不断提高法律援助保障水平是乡村法治保障的重要举措，也是提升乡民法律观念的重要举措。

其次，要以社会主义核心价值观为引领来培育乡民公德意识。"富强、民主、文明、和谐、自由、平等、公正、法治、爱国、敬业、诚信、友善"无一不蕴含着公德的要求。核心价值观，其实就是一种德，既是个人的德，也是一种大德，就是国家的德、社会的德。应当借助社会主义核心价值观这种"大德"提高乡民的公德认识，培养乡民的公德情感，坚定乡民的公德信念，坚强乡民的公德意志，把社会主义核心价值观内化为乡民内心的精神追求和公德规范。社会主义核心价值观是新时代广大人民群众共同的价值追求，也是规范乡村公共生活领域的基本价值。乡村如今是开放的，乡村在市场经济和各种社会思潮的冲击下形成多种价值观在所难免。也正是多种价值观的交合导致了乡村公德的更新和发展呈现无主心骨、无头绪的混乱状态。以社会主义核心价值观进行道德引领，是意识形态建设取得成功的一般规律。

最后，要以实践为导向，教育引导乡民积极参与公德实践活动，在实践中涵养公德意识。公德意识的培养离不开乡民个体的实践活动。乡民通过做符合公德的行为而不断积累和提升公德意识。正所谓立志要躬行，如果仅仅知道如何做合乎公德而不去实践公德，就不会成为一个真正的具有公德意识的人。公德意识是在实践中形成和不断加强的。

2. 打造高素质公德培育队伍

打造高素质公德培育队伍旨在把村委会、党团组织、学校、媒介组织、经济组织等凝聚为一个以乡村公众秩序建立为主要目标的整体，促进乡村组织协作联动，充分发挥各个组织的作用对乡民进行公德培育。

首先，打造高素质公德培育队伍要发挥村委会、党团组织的公德培育领导功能。村委会、党团组织是团结带领乡民贯彻党的路线方针政策的战斗堡垒，也是乡村公德培育有序推进的领导力量。《新时代公民道德建设实施纲要》指出，要发挥基层党组织和党员在新时代公民道德建设中的战斗堡垒作用和先锋模范作用。党团组织在公德培育的过程中应发挥的主导功能主要有以下两个：其一，思想引领功能。乡村党团组织要以身垂范，在公共生活领域自觉遵守公德规范，为乡民树立公德榜样。同时，还要能结合乡村实际，把公德思想传播到乡民中，弘扬公德风尚。要能够把公德的要求讲明白，把公德的作用说清楚，以良好的理论素养和政策解读水平让乡民真正地了解公德、接受公德、践行公德。其二，组织凝聚功能。乡村党团组织要发挥吸引力和凝聚力，号召乡民参与到公德培育的实践活动中。这需要乡村党团组织把公德培育工作提上日程，组建专门负责公德培育工作的工作小组，把公德培育列入工作目标，并且村委会、党团组织的成员要起到模范带头作用。

其次，打造高素质公德培育队伍要发挥学校和媒介组织的培育主力作用。学校和媒介组织作为培育的主力，要坚定推进培育工作。乡村教师要提升公德观念，并把公德知识正确地传递给受教育者。乡村也要重视学校建设，完善教室、图书馆、文化活动室等基础学习场所，提升乡村教学条件和水平。媒介组织则要营造具有公德导向的舆论氛围。舆论就像空气一样存在于我们的周围，其寻求一种共同体形式上的"我们"，寻求某种方式和范围内的相互承认、认同和同一性，舆论产生过程和舆论概念所指向的人的普遍交往关系，是对"我们"共同体的无限扩大和重新阐释。舆论是组织中引领个体做出符合社会期待、遵守风俗习惯的行为的重要精神力量。舆论所蕴含的共识、公共秩序与公共利益正是乡村公德的核心内涵。

最后，打造高素质公德培育队伍要发挥经济组织及其他组织的培育补充作用。乡村伦理共同体要成为有机生长的共同体需要乡民认同自我身份，并自愿互惠互利、积极合作，参与到共同体的维持中。经济组织及其他组织能够密切乡民之间的联系，使得乡民完成从自我视野向他者视野的转变。

（五）多渠道聚合乡村产业发展动力

大力发展乡村产业，实现乡村产业兴旺，是乡村振兴的重点。发展乡村产业是富民强国的举措。要大力发展乡村产业，激发乡村产业发展活力，建设现代化的乡村产业，增加农民就业，促进农民增收，发掘国民经济发展新的增长点。发展乡村产业要充分结合自身发展特点，利用好国内外发展机遇，选择适合的产业发展之路，实现乡村产业振兴，提升区域经济实力。

1. 提升城乡融合发展水平

要想推动乡村振兴，必须增强区域的整体实力，推动区域协调发展。乡村振兴战略的实施要注重统筹城乡发展，构建城乡融合发展体系。在制定城市发展规划时要注重统筹城市与乡村布局的规模经济效益和生态健康安全需要，促进城乡合理分工、协调联动，优化城镇规模结构，将乡村纳入整体统筹规划，注重城乡统筹发展。提升城乡融合发展水平能够提升区域的整体竞争力。应充分发掘农村的消费市场，满足农民对高质量消费的需求，推动城市的产业发展，促进经济发展。反过来城市发展水平提升，对乡村的带动效应增强，农村产业得到发展。要畅通农产品进城和工业品入乡通道，鼓励农民消费，提升农村消费质量，形成城乡互动的有利局面，促进城乡共同发展。

2. 推动乡村产业融合发展

产业兴旺是乡村振兴的重点。农业是基础性产业，决定了农业生产必须具有稳定性，基础农产品供应必须保持数量与价格的稳定。农民要想实现生活富裕，必须注重农业产业与其他产业融合发展。现有的农业产业链较短是产业融合发展的短板。要想延长农业的产业链，需要将农产品作为产业核心环节，对产业链的上下游进行探索，拓展农业的纵向产业链，形成地方特色的产业融合发展模式。因此，在乡村振兴战略背景下，应重视农产品的产业链拓展延伸，增强产业融合的优势。加大农产品深加工的科技投入力度，创造新的满足社会需求的工业产品，创造新的消费热点。同时加强品牌营销能力，打造全国知名的农业产品品牌。要转变发展理念，增强产业融合的横向拓展。要结合现有的优势，综合开发乡村资源，有机整合农业领域、教育领域、体育领域、旅游领域、康养领域、养老领域等。让学生参与农业劳动，体验乡村生活的城乡融合模式。这样不仅能够增加农民的收入，还可以锻炼学生的劳动实践精神，锤炼学生的意志，推动学生德智体美劳全面发展。还可以传承传统的耕作技能，增加学生的兴趣，培育具有现代精神的新型农民。拓宽产业融合领域不仅能够促进乡村的发展，而且能够重新发掘乡村在现代化体系中的价值定位。实施乡村振兴战略，要善于发挥自身优势，抓住未来发展方向，把握好地区发展机遇，有序推进乡村振兴。

（六）调整农村产业结构的绿色发展方向

1. 增强农村绿色科技支撑

科学技术是第一生产力。必须将绿色技术渗透到整个生态建设中，以此推动绿色技术的推广与使用。要想提高农村生态质量，必须重视新技术的应用，尤其是注重新能源、新材料等方面新技术的应用，通过新技术达到引领时代、引领科技进步的目的。强调在农村建设中应用绿色技术的重要性，开发节能减排技术，走先进的、环保的和循环的经济发展之路。争取实现大部分农村效率与污染反比增长的资源节约型的经济增长方式。

第一，提高科技创新能力来增强农村绿色科技支撑。既要考虑生态和经济两方面的作用，又要进行技术突破，以达到乡村的可持续发展。

首先，政府要制定一个总体规划，在国家层面加大对环境与生态建设工作的领导和支持力度。加大财政转移支付力度，将科技资金、科研课题等资源向农村生态环境保护领域倾斜。要想从根本上解决农村生态环境问题，必须准确地找出主要矛盾，并进行针对性的治理。与此同时，各级政府要推动相关部门和企业协同治理，形成正式的、长期性的协同机制。

其次，要推动科技成果转化为现实生产力。我们追求的不仅仅是对生产工艺、生产技术的革新和改进，还要从污染防治、节水等方面着手，把绿色技术应用到农村建设中。通过完善相关法律法规，为技术创新提供有力保障。要深入分析当前我国农村生态环境问题的真实情况，对症下药，建立绿色产业组织，加强科技创新，大力发展绿色技术，从小范围实验到大范围应用，所有阶段都要认真对待，严格把关，确保绿色技术立竿见影。

最后，要培养一批高素质的人才。我们要打造适合人才发展、鼓励人才创新的社会氛围和环境。通过组建人才队伍，贯彻落实"多选拔、多用创新人才"的政策，促进高校改革教学内容、革新教学体制，从而引导大学生积极主动地投入基层和农村，为我国的农村生态建设添砖加瓦。

第二，提高农民的科技文化素质来增强农村绿色科技支撑。作为农村生态环境研究的主体，农民受教育程度较低，导致农民科学文化素质也相对较低。农民科技文化素质相对较低造成了农业技术落后、效益低下、发展缓慢的困境，直接影响农村科技创新的成效。因此，提高农民的科技文化素质成为当前及今后相当长的一段时间内的重要任务，不仅要从政策上支持，而且要落到实际行动中。在国家实施科教兴国战略的今天，各级政府都加大了对农业科技工作的投入力度。

首先，强化宣传教育，加大宣传力度。采取多样化的宣传形式，如大喇叭、展览牌、条幅等，向广大农户宣传"绿色科技"的作用，教导和指引广大农户投身于技术创新活动，为改善环境做出力所能及的贡献。其次，要加强对农民的科技教育。部分农民受教育程度较低，因此可以采用直接讲授、亲身示范的方式进行教育，开设"田间课堂"，实现理论与现实相结合的教学模式，使农民不仅能够收入丰收，更能技术丰收。最后，对于受过教育的农民，通过举办高素质农民培训班、专家"线上＋线下"的融合教学模式，提高农民的生产技术和农业社会化服务水平，引导已经学会的农民将这一技术教给其他人。对农民来说，既增强了其向心力、丰富了其知识储备，又提升了其运用科技的能力，为农村建设提供了重要保证。

2. 大力发展生态农业

（1）转变乡镇企业发展模式

积极转变乡镇企业发展模式是实现农村生产生态统一的主要途径。首先，大力发展风能、太阳能等储量巨大、无污染的可再生能源，由石化能源时代发展过渡到可再生能源时代；积极开发优质有机农产品，创建有机农产品品牌，通过政府推动和市场引导并行，带动绿色农产品市场竞争力全面提升。其次，加强农村生态服务业建设和基础设施建设，保护生物多样性。大力发展休闲农业和旅游农业，大力开发生态旅游资源，实现旅游业和其他相关行业的共同发展。最后，大力发展特色养殖业，通过利用地区产业资源优势，最大限度地提高产品附加值，促进畜牧业产业化经营。

（2）走规模化、集约化经营之路

生态农业是一种高资源使用率的农业，它的优越性体现在不仅节能、节水、低碳，而且对环境造成的损害也非常小。这种把经济和环境相协调的结合体，追求生态、经济和社会效益三方面的统一，在目前的新农村建设中，已然成为研究和发展的焦点。然而，目前我国农业生产的生态基础还比较薄弱，抗自然风险能力有待提高，农业生产成本较高。

因此，必须转变农业发展方式，大力发展生态农业。推进农业标准化和农业绿色生产，不仅需要因地制宜，还要考虑我国农业生产的真实情况。大力发展具有本地特色的生态农业，寻找地方优势，与生态农业有机结合。

当前，随着我国城市化进程的不断推进，新一轮的农村土地流转也随之展开。我们要发展生态农业，就要把握这次难得的机会，引进新技术并发挥其重要作用，扩大规模，提高农业经营管理水平，以此实现农民的经济收益不断增长，农业生态向市场化、规模化深入发展。

（3）加强农业生产技术培训

首先，政府部门要举办农业技能培训课程。聘请高校、科研院所、农业科技工作者定期到农村进行现代农业生产技术培训；加强农村教育机构对新型职业农民的培养工作，使他们掌握先进实用的农业生产知识及操作技能；加大政府资金投入力度，改善办学条件，建立新型职业农民培育基地，为其提供各种学习机会。其次，加大生态农业支持力度，促进农业科技与生态农业相结合，对生态农业需要的农资加大补贴和优惠力度，指导农民按照正确的比率使用化肥和杀虫剂，提高农业的产出效率。最后，要根据实际情况，建设生态农业园区。要结合当地的特色，联合相关部门划定区域范围，以发展生态农业为核心，打造特色产业。以农业、林业、农业为龙头，逐步建设一批优质、生态、安全的农产品生产基地。

（七）全面复兴乡村文化，实现文化振兴

1. 弘扬和践行社会主义核心价值观

（1）加强宣传引导教育

充分发挥基层党组织、基层单位和农村社区的政治领导和服务职能，在农村教育中融入文明教导、村规民俗。发挥农村学校、汽车站、文化站、公示墙、村文化长廊等基层文化阵地的优势，同时运用电视、广播、"两微一端"、宣传车、电子屏等现代手段，大力宣扬学习民族精神和时代精神，培育良好的家风和朴实的民风。

（2）倡导良好道德规范

开展"道德模范""道德讲堂"宣讲和评选活动，可以使当地文化获得发展的土壤，实现道德效用最大化，让村民自觉做文化的传承人和保护人，增强对当地文化的认同感和提升自信心。同时，鼓励开展乡风评议，教育引导农民遵守道德规范，树立遵规守矩的文明新风。建立健全农村征信系统，完善守信激励和失信惩戒机制。

2. 完善农村公共文化供需

（1）加强农村文化基础设施建设

加大对文化馆、非遗展示馆、公共博物馆等基础设施的建设力度，实现乡村两级公共文化服务全覆盖。乡村振兴的发展推动了乡村公共文化建设，开展文化

体育惠民工程，如建设文化阅读室、文化活动中心等，定期组织开展送戏下乡、乡村春晚等文化活动，极大地丰富了人民群众的精神世界，促进乡风文明。

（2）增加公共文化服务供给

在村民间建立文化需要反馈机制，村民对不同文化的需求都可通过口头表达、网络反馈等多渠道进行反馈，政府根据村民的意见，有效进行甄别和筛选，从而增加不同类型的公共文化服务的供给。同时，政府应多次组织下乡活动，将积极、健康、有益的公共文化传达给村民。政府应积极发挥引导和宣传作用，吸引社会各界人士积极参与农村公共文化建设，推进多元化发展，并打造出一系列具有地方特色的、积极健康的优秀文化产品。

（八）做好脱贫攻坚和乡村振兴有效衔接

2020年脱贫攻坚战取得全面胜利，我国走出了一条具有中国特色的减贫之路。在巩固脱贫攻坚成果的过程中，"总结经验"成为重要一环，把对乡村振兴有积极作用的治理手段应用于乡村并延伸开来，把"精准"原则贯穿巩固脱贫攻坚成果、拓展和推进乡村振兴的始终。

因此，应从政策、产业、制度入手统筹考虑巩固脱贫成果"补短"与乡村振兴"扬长"，做好二者的有效衔接。

1. 巩固脱贫成果，做好政策衔接

用协同思维统领衔接工作，正确对待脱贫攻坚与乡村振兴主次矛盾的转化，严格落实"四个不摘"（摘帽不摘责任、摘帽不摘政策、摘帽不摘帮扶和摘帽不摘监管）。在巩固脱贫攻坚成果的基础上，做好政策和项目内容共融的衔接，有效降低返贫概率，为实现乡村全面振兴提供重要支撑。

（1）政策保障机制

在适应脱贫攻坚向乡村振兴转变的过程中，首先要对脱贫攻坚实行的重要政策举措进行科学研判，分类处置，采取差异化对待，调整现有脱贫攻坚政策中与乡村振兴内容冲突的部分，对同样适用于乡村振兴的政策适时延续，促使其向长期性、普惠性政策转变，进一步完善乡村振兴政策体系。还要关注脱贫攻坚取得胜利后，一些相对贫困的地区在哪些领域需要有新的政策做补充支撑，巩固脱贫成效，奠基乡村振兴。

（2）项目统筹机制

重大项目是乡村振兴的有效支撑，由于脱贫攻坚的产业项目缺乏整体规划，同质化严重，导致部分扶贫项目与实施乡村振兴战略时的项目不配套。因此，要对项目进行系统梳理，整合交叉重复项目，精准识别脱贫攻坚胜利后需要转型升级的项目，将之前未完成的项目纳入乡村振兴战略规划。通过整合相关机构、资金和人员，建立统一的资源要素配置体系，并按照乡村振兴的项目标准进行提升，争取一张蓝图绘到底。

2. 突出资源禀赋，做好产业衔接

脱贫攻坚和乡村振兴都对产业发展的多样化提出了严格要求，产业优化升级便成了衔接二者的必然要求。脱贫攻坚战的产业扶贫与乡村振兴战略中的产业兴旺侧重不同。前者致力于消除绝对贫困，实现第一个百年目标——全面建成小康社会，为乡村全面振兴奠定基础。后者是为了缓解相对贫困，着眼于社会主义现代化强国这一目标。因此，正确处理产业扶贫与产业兴旺的关系十分重要。

实现二者的有效衔接，必须做好科学的产业布局规划。

第一，着重巩固一批比较优势明显、发展基础好的扶贫产业，将其与县内主导优势产业的培育和发展联系起来，加强扶贫产业的可持续性。以推动科技成果集成为要点，发展优质特色产品，将科技作用于特色农产品，通过发挥科技创新的作用来放大区域特色农产品的优势，以此为契机推动质量变革，让贫困户享受到增值收益。

第二，弱化一批产业链条短、技术含量不高的产业，甚至坚决淘汰有损于乡村利好发展的产业、与现阶段发展不相适应的产业。

第三，为提升产业质量提供外源性保障。在原有产业扶贫的基础上，继续实施产业扶贫政策。政府要充当"水龙头"，积极发挥主要作用，持续加大对产业的资金、技术等保障性投入，以品牌建设、品质提升为内在要求进行产业升级，进一步加强对线上线下双向营销、农产品电子商务发展、产加销一体化发展等新型流通业态的支持，推进产业升级朝纵向延伸、横向联结方向发展。

3. 加强经验总结，做好制度衔接

脱贫攻坚战和乡村振兴战略两者有机统一、相辅相成。脱贫攻坚之举在世界减贫史上绝无仅有，它的胜利为我国实施乡村振兴战略提供了不少宝贵经验，这些经验对高质量实施乡村振兴战略大有裨益。因此，必须高度重视二者的衔接，并充分借鉴这些宝贵的经验做法。

（1）健全农村工作领导体制机制

首先，健全权责清晰的领导工作机制，发挥政治优势和制度优势，坚持党政一把手负责制，沿用"中央统筹、省负总责、市县乡抓落实"的工作机制，各级书记压实责任、齐抓共管。还要明确工作任务，强化责任落实，加大统筹协调力度，形成强大合力。此外，还要及时向上级部门汇报重大项目推进情况，以便进行下一步工作的部署。

其次，健全绩效考核机制。借鉴脱贫攻坚考核机制，通过制定国家考核标准、引入第三方评估、基层政府和干部的任用与成果挂钩的方式，建立健全乡村振兴战略考核评价体系。通过考核评价体系来监督和鞭策领导干部，确保各级领导干部压实乡村振兴工作各级责任，提高工作效率，争取让农民认可工作、满意成效。

（2）完善脱贫攻坚驻村帮扶制度

借助脱贫攻坚实施中帮扶队伍了解基层、熟悉群众情况的特点，建立村集体、包村干部与驻村队伍长期联系制度。通过完善乡村振兴帮扶制度，统筹乡村人才资源开发，将脱贫攻坚中的帮扶干部有选择地转化为乡村振兴的中坚力量，培养一批"走不了"的人才队伍，打造一批有经验的乡村振兴帮扶工作人员。帮扶队伍通过深入结合乡村振兴战略的具体工作任务，继续发挥农村党员帮扶干部密切联系群众的优势，有效提高工作效率，为乡村振兴提供持久的外部建设力量。

此外，加大对脱贫攻坚中做出突出贡献的"双创"人才、致富"领头羊"等的重视，通过加大资金、项目的投入，继续鼓励这部分人才发挥才智，为巩固脱贫攻坚、推进乡村振兴发挥更大的作用。

（九）加大乡村振兴战略实施的财政支持力度

1. 建立完善财政支持乡村振兴的长效机制

（1）继续扩大支持乡村振兴的财政投入规模

在我国经济发展早期，城市经济是发展重点，同时城镇基本公共服务的建设与提供相对农村比较健全。农村发展主要依靠城市的辐射带动，财政在农村经济社会方面发力不足，长此以往导致农村基本公共服务水平较低，在实现共同富裕的道路上，需要加强对农村社会发展的投入。应继续扩大支持乡村振兴的财政投入规模，优先发展农业农村。财政支持乡村振兴的领域多为基本公共服务方面，解决诸如建设大型水利工程、高标准农田建设等农民个人难以解决的问题，所以必须保证财政投入的力度和规模。

2022年，中央财政在收支平衡压力大的状态下，相关涉农转移支付资金仍有增长，充分体现了中央财政对"三农"工作的重视。为适应新发展格局，消除城乡发展不平衡，必须加强财政政策调节功能，各级财政在保证刚性支出的基础上，对乡村振兴战略的支持力度必须不断加大，以弥补以前的"欠账"。

必须充分发挥财政职能，发挥主观能动性，精准施策，因地制宜地加大财政支农投入规模，发展农村产业，提高农业现代化水平，提振农村经济。依据乡村的资源优势、区位优势和发展过程中积累的其他比较优势，确定自己的主导产业，形成能够充分利用自身资源并符合市场需要的产业结构，着重发展特色产业。要充分挖掘和拓展农业的多维功能，促进农业产业链条延伸，丰富农村产业增值环节；促进农业与其他产业尤其是文化旅游产业的深度融合，大力发展农产品加工业和农村新兴服务业，为农民持续稳定增收提供更加坚实的农村产业支撑。

（2）创新财政投融资机制

①引导多方筹集资金投向农村。当前乡村振兴战略下农村发展所需资金远超财政供给资金，社会资本理应发挥更大的作用。为扩大投入农村的资金，除财政保持一定的增长规模外，应做到以下几点：第一，财政应当放宽银行和信贷公司向农民借贷的准入条件，解决农民借贷难的问题，减轻农民的经济压力，鼓励农民申请贷款购置生产工具，大力发展生产力。第二，积极鼓励农民购买农牧业保险，并为这类保险公司提供免税、奖补等政策支持，使保险公司和农民共享收益，共担经济风险，保护农业经济。第三，政府应建立健全融资担保体系，规范民间融资，在金融机构与农民之间充当桥梁，帮助金融机构发展，为农民提供担保。

②适时发展乡村振兴基金。基金化支出方式对于提升乡村资本活力具有重要促进意义。进入2022年以来，各地的乡村振兴基金如雨后春笋般出现，陕西、广东、四川、河南、甘肃等都纷纷设立了乡村振兴基金，以政策引导为投资方向，资本市场往往也能给予良好回报。

例如，被业界称为乡村振兴产业基金"国家队"的国投创益基金，战略投资我国生物育种行业领军企业——瑞丰生物科技有限公司，在行业内引起了广泛关注。借助央企国企、大型民营龙头企业的力量，国投创益相继投资了一大批扶贫效果好、收益有保证的项目，不仅为贫困地区带去了大量资本，还带去了先进的管理经验，推动了贫困地区的发展，带动了贫困人口脱贫致富。

2.优化财政投入结构和投入方式

（1）加强农村教育投入

当前城乡教育投入不平等问题已逐渐趋于缓和，据研究，地方教育投入对城乡收入差异的影响越来越小。因此，要发挥财政支出政策对城乡收入差距的调节作用，均衡配置财政教育资源是重要的政策手段之一。

第一，必须保障当前农村教育事业费稳定增长的趋势，统筹城乡财政教育资源。要继续加大在基础教育方面的支出,特别是在农村地区增加教育投资,提高农村学校的基础设施条件,降低农民教育成本,间接为农民增收减负。

第二,必须进一步加大在职业教育方面的支出,加快发展农村职业教育,促使农民从"会种地"转向"智慧种地"。职业教育与农民增收的关联性强,能够培养新型农民的学习能力、创新意识、管理能力。新时代农民不仅要继承中华传统种植强项,还要积极学习基本科学文化知识,能使用现代农业生产中必备的技能。政府应当鼓励更多的农民参与职业教育,提高农民的专业性和创收能力,为农业的高质量发展做好辅助工作。

第三,加强对财政教育资金的监管。在教育经费投入的过程中,要加大对财政教育经费投入使用管理情况的督查力度,特别是要定期对生均拨款制度建立及执行落实等情况开展专项督查,提高财政教育经费使用效率。

(2)完善社会保障体系

在财政收入增速放缓的新形势下,政府对社会保障的筹资能力也会受到影响,通过以财政投入为主的转移支付来调节城乡收入再分配差距的机制面临着压力。农村依然存在着一定量的低收入人口,未来社会保障支出改革应以完善农村社会保障制度为导向,提高最低养老和社会救助标准,缩小城乡最低生活保障待遇差距,实现提高农村居民转移性收入的目标。各级政府应将更多的财力用于收入再分配和农村的社会保障,在地方财力允许的条件下,财政资源可以进一步向收入再分配倾斜。地方的财政支持与社会保障水平呈正比例的关系,尤其对农村的社会保障支出而言,地方财政为主要来源,依赖地方财政的支持。

参 考 文 献

[1] 中共中央马克思恩格斯列宁斯大林著作编译局.马克思恩格斯选集(第1卷)［M］.北京：人民出版社，2012.

[2] 中共中央马克思恩格斯列宁斯大林著作编译局.马克思恩格斯选集(第4卷)［M］.北京：人民出版社，2012.

[3] 中共中央马克思恩格斯列宁斯大林著作编译局.列宁全集(第42卷)［M］.北京：人民出版社，1987.

[4] 中国共产主义青年团中央团校.马克思 恩格斯 列宁 斯大林 论青年［M］.北京：中国青年出版社，1980.

[5] 杨景胜，王鲁峰，叶树澎，等.城镇微更新与乡村振兴的探索与实践［M］.北京：中国城市出版社，2020.

[6] 陈潇玮.乡村振兴战略下农村产业与空间的转型与发展［M］.长春：北方妇女儿童出版社，2020.

[7] 王美玲，李晓妍，刘丽楠.乡村振兴探索与实践［M］.银川：宁夏人民出版社，2020.

[8] 刘社瑞.乡村振兴战略中新乡贤文化建构研究［M］.长沙：湖南大学出版社，2020.

[9] 郝兴娥.乡村振兴战略引领下的乡村治理之路［M］.北京：九州出版社，2020.

[10] 许维勤.乡村治理与乡村振兴［M］.厦门：鹭江出版社，2020.

[11] 陈锡文，韩俊.农村全面小康与实施乡村振兴战略研究［M］.北京：中国发展出版社，2021.

[12] 肖云.城乡融合与乡村振兴：构建城乡统一建设用地系统论［M］.长春：吉林大学出版社，2020.

［13］周东红.乡村振兴视域下传统村落保护与设计研究［M］.北京：北京工业大学出版社，2021.

［14］闫凤翥，李屏，胡军拥.乡村振兴策划与实施［M］.北京：中国农业出版社，2021.

［15］顾鸿雁.人地共生：日本乡村振兴的转型与启示［M］.上海：上海社会科学院出版社，2021.

［16］王智猛，管清贵，范瑾，等.脱贫攻坚与乡村振兴的理论与实践［M］.成都：四川大学出版社，2021.

［17］霍军亮.农村基层党组织引领乡村振兴的理论与实践［M］.武汉：武汉大学出版社，2021.

［18］何潇.乡村振兴战略背景下乡村治理的路径选择和制度建构［M］.长春：吉林文史出版社，2021.

［19］冉勇.基于乡村振兴战略背景下的乡村治理研究［M］.长春：吉林人民出版社，2021.

［20］张锋.乡村振兴视域下农村社区协商治理研究［M］.武汉：武汉大学出版社，2021.

［21］尤影.乡村振兴背景下农村电商可持续发展研究［M］.长春：吉林大学出版社，2021.

［22］叶加申.乡村振兴与美丽乡村建设研究［M］.北京：北京工业大学出版社，2021.

［23］萧洪恩，王娟.乡村振兴和农村就地现代化研究［M］.北京：中国国际广播出版社，2021.

［24］许皥，张瑞强.乡村振兴战略下的"三农化一农"［M］.北京：中国农业大学出版社，2021.

［25］刘祥.乡村振兴实施路径与实践［M］.北京：中国经济出版社，2022.

［26］陈婷婷.城乡关系理论视阈下乡村振兴战略的实施逻辑与落地路径［J］.赤峰学院学报（汉文哲学社会科学版），2019，40（5）：42-46.

［27］吴利军.新时代乡村振兴战略的实施路径及策略研究［J］.农业开发与装备，2019（9）：85-87.

［28］陈光军.乡村振兴战略的历史渊源、理论脉络与实施路径［J］.黄河科技学院学报，2019，21（6）：86-93.

［29］王学红.以乡村经济多元化发展推进乡村振兴战略实施路径探索［J］.发展，2020（Z1）：29-30.

［30］张洁.乡村振兴战略的五大要求及实施路径思考［J］.贵州大学学报（社会科学版），2020，38（5）：61-72.

［31］胡茜.新时代背景下乡村振兴战略的实施路径分析［J］.农村经济与科技，2020，31（20）：246-247.

［32］陈金春.实施乡村振兴战略的关键点及路径［J］.乡村科技，2021，12（5）：8-9.

［33］樊鑫鑫.乡村振兴战略的意义、内涵与实施路径［J］.乡村科技，2021，12（4）：6-7.

［34］张学艳.新时代背景下乡村振兴战略的实施路径［J］.乡村科技，2021，12（2）：16-17.